X M A

Ce qu'on lit dans la Main

RÉVÉLATIONS

sur

le Caractère

le Passé

l'Avenir

les Maladies

etc., etc.

50

Centimes

LE

VOLUME ILLUSTRÉ

Publications Jules Rouff & Cie

4, Rue La Vrillière

(EN FACE LA BANQUE DE FRANCE)

PARIS Ier

Ce qu'on lit

dans la main

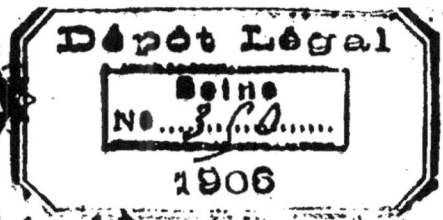

Ce qu'on lit dans la Main

RÉVÉLATIONS

sur

le Caractère

le Passé

l'Avenir

les Maladies

etc., etc.

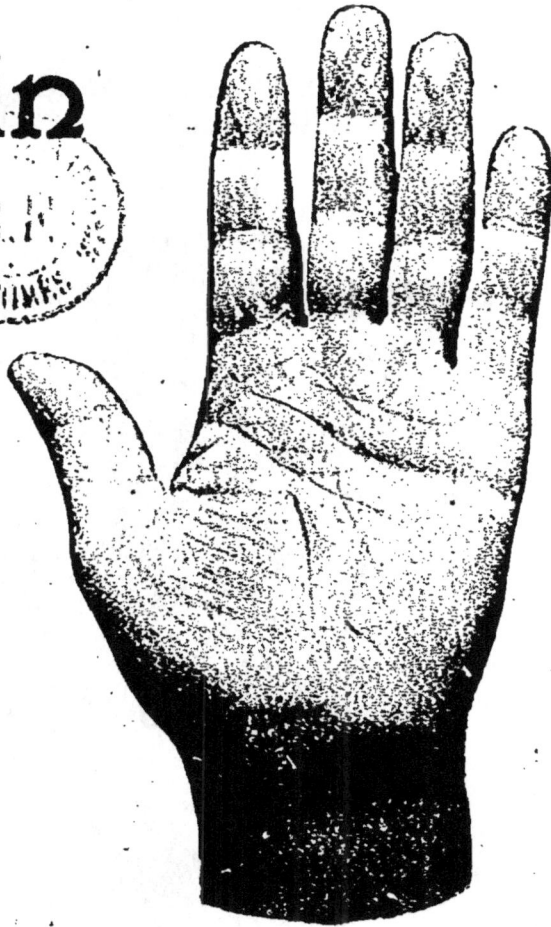

Publications Jules ROUFF & Cie

4, Rue La Vrillière (en face la Banque de France)

PARIS Ier

Fig. 1.

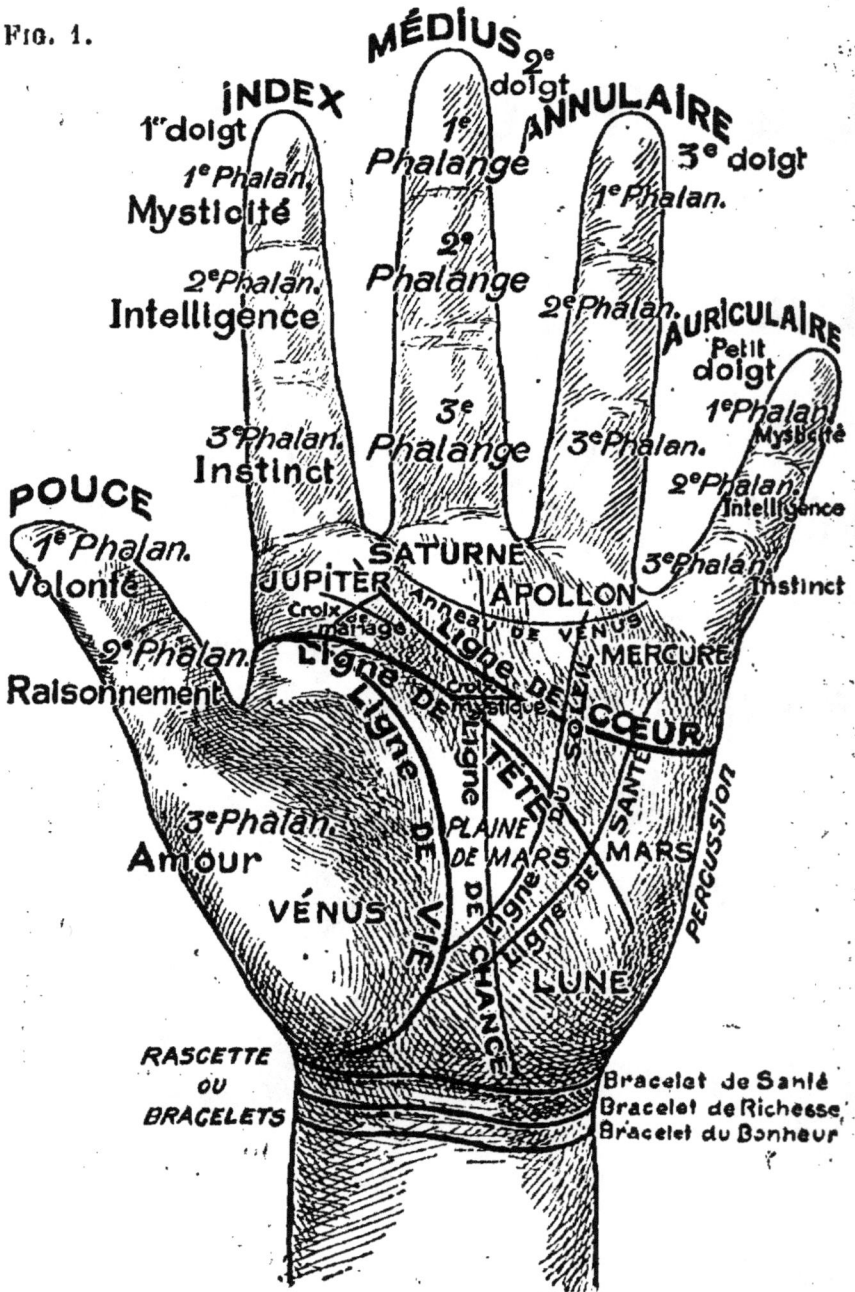

MÉDIUS 2e doigt

INDEX 1er doigt

1e Phalange

ANNULAIRE 3e doigt

1e Phalan. Mysticité

2e Phalange

1e Phalan.

2e Phalan. Intelligence

2e Phalan.

AURICULAIRE Petit doigt

3e Phalan. Instinct

3e Phalange

3e Phalan.

1e Phalan. Mysticité

POUCE

2e Phalan. Intelligence

1e Phalan. Volonté

SATURNE

3e Phalan. Instinct

JUPITER

APOLLON

Croix mariage

Anneau de Vénus

MERCURE

2e Phalan. Raisonnement

Ligne de Tête

Ligne du Cœur

Ligne de Vie

3e Phalan. Amour

PLAINE DE MARS

Ligne de Santé

MARS

VÉNUS

LUNE

Ligne de Chance

PERCUSSION

RASCETTE OU BRACELETS

Bracelet de Santé
Bracelet de Richesse
Bracelet du Bonheur

PRÉFACE

Ce livre, qui ne ressemble ni aux compilations populaires publiées jusqu'ici, ni aux
manuels destinés avant tout à faire de la
réclame à leurs auteurs, est une œuvre sincère et de bonne foi, faite en collaboration
avec une véritable bohémienne, dépositaire
des traditions et des secrets de sa race.

Cette bohémienne, célèbre dans toute la
Hongrie, l'Autriche et l'Allemagne, avait
18 ans lorsqu'elle fut présentée à l'empereur
et à l'impératrice d'Autriche-Hongrie. A la
première, elle révéla sa mort tragique; au
second, le suicide de son fils et le triste avenir
de sa dynastie. L'empereur d'Allemagne, au
début de son règne, lui demanda aussi un
jour d'étudier sa main, et elle lui prédit la
vie agitée qu'il mène, et les événements extraordinaires qui s'accompliront dans la seconde
moitié de sa vie, quand la puissance maritime
de l'empire allemand aura acquis tout son
formidable développement.

Ce traité de chiromancie est divisé en cinq
parties.

La première est une explication claire, nette

et rapide de la science de la main (chiromancie);

La seconde partie enseigne la *géographie* de la main.

La troisième partie donne la signification de la forme de la main, des doigts, etc.

La quatrième partie explique les lignes de la main, indique les lignes de chance et de mariage, etc.

La cinquième partie nous montre la main de l'homme heureux, de l'homme malheureux, la main du poète, de l'homme d'affaires, de l'avare, de l'assassin, etc.

Enfin, tous les mystères de la main sont expliqués et dévoilés dans le petit vocabulaire qui termine le volume.

PREMIÈRE PARTIE

Qu'est-ce que la Chiromancie ?

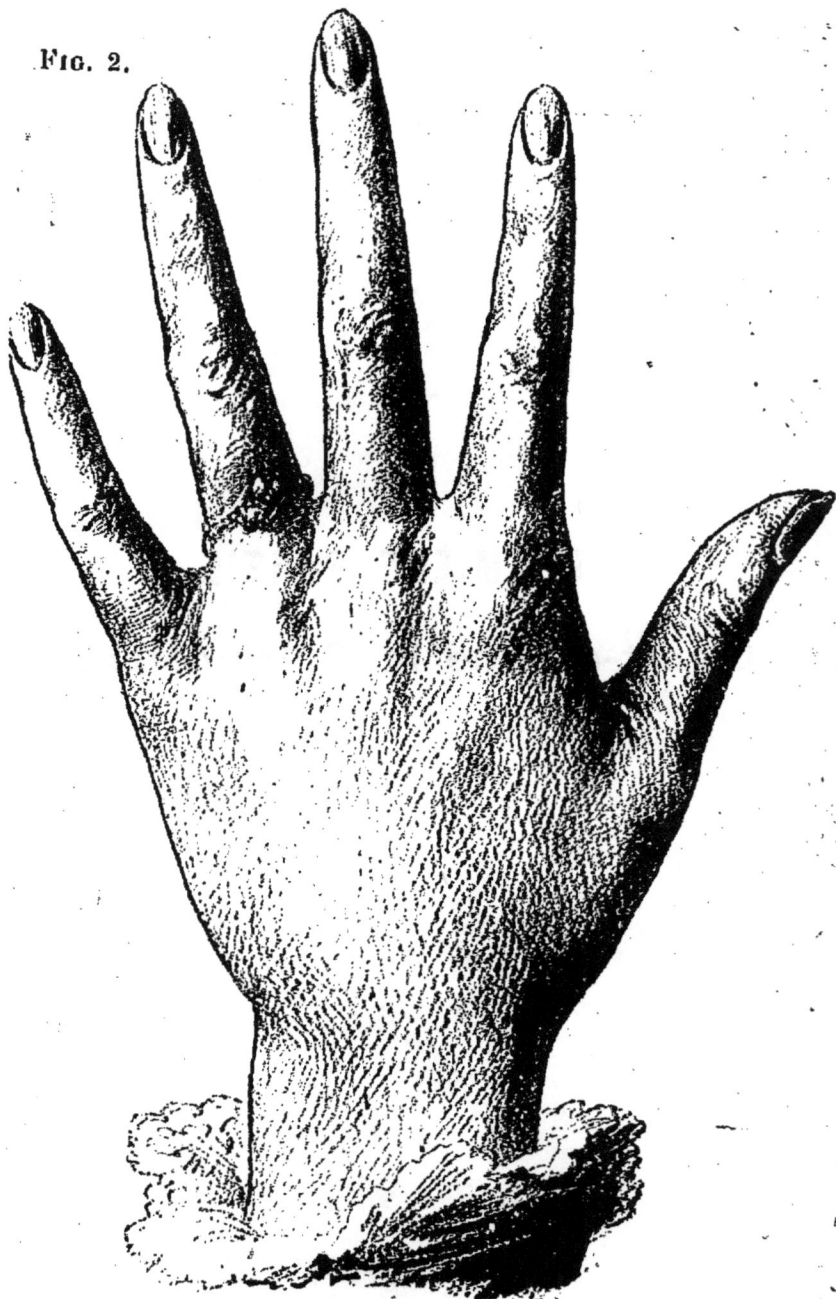

Fɪɢ. 2.

DOIGTS POINTUS (légèreté, désordre, esprit romanesque, impulsif)
Main de la femme qu'il ne faut pas épouser.

PREMIÈRE PARTIE

Qu'est-ce que la chiromancie ? — La main, image de l'âme. — Les doigts révélateurs. — Les ongles. — Ce que signifie la forme de la main. — Ce que disent les lignes.

I. — QU'EST-CE QUE LA CHIROMANCIE ?

La chiromancie (du grec *cheiros*, c'est-à-dire *de la main*, et *mateia*, c'est-à-dire *divination*) n'est plus aujourd'hui un art et un procédé de sorcellerie : on a reconnu, par de longues séries d'expérimentations, que c'était une science d'observation aussi bien que la graphologie et la physiognomonie. Mais elle ne nous est pas moins arrivée par une transmission mystérieuse à travers les siècles ; on sait que la race qui la pratiquait en ses courses vagabondes à travers les continents est celle des Zingari ou Bohémiens.

Eux seuls avaient conservé les traditions chiromanciques de l'Égypte, de la Grèce et de Rome.

Ces traditions se sont augmentées aujourd'hui de tant de faits et de renseignements nouveaux que la chiromancie est enfin sortie du domaine de la superstition.

II. — LA MAIN, IMAGE DE L'AME

Si les yeux sont le miroir de l'âme, la main est le reflet de notre personnalité. L'Écriture a déjà mis dans la bouche de Job ces paroles : « Dieu inscrivit *des signes* dans la main des hommes, afin que tous, d'avance, *passent connaître leurs destinées.* »

La main du paresseux et du voluptueux est courte et grasse ; la main de l'égoïste est longue et blanche ; celle de l'avare est courte et mince ; celle de l'homme qui se porte bien, qui a une santé robuste et qui vivra longtemps est charnue, ferme, bien attachée ; l'homme maladif, menacé de mort prématurée, a la main creuse, maigre, mal attachée.

L'artiste n'a pas la même main que le marchand ; l'avare n'a pas la même main que l'homme généreux ; l'ambitieux, l'orgueilleux a une main qui diffère de celle de l'humble et du modeste ; à chaque caractère, à chaque catégorie d'individus correspond une main d'une forme particulière.

Et il suffit souvent d'un simple coup d'œil pour juger de la valeur morale de l'inconnu qui ne songe pas à dissimuler sa main.

III. — LES DOIGTS RÉVÉLATEURS

Nous trouvons-nous en présence d'une femme aux mains et aux ongles pointus, en forme d'amandes (*v. fig. 2*), la chiromancie nous dit :

« Prends garde ! Cette belle main aristocratique aux doigts lisses et fuselés, aux ongles si jolis et si roses, dénote un être très artiste, très poète, très intelligent, mais dépourvu de sens moral, tout d'impulsion et d'imagination, changeant continuellement d'idées, incapable de fidélité dans l'amour et même d'amitié, sans aucun sens pratique, toujours dans le bleu et les étoiles, toujours à la poursuite des décevantes chimères...

« Ne la prends pas pour femme...

« Elle sera une amante délicieuse, une femme détestable... »

Une bonne et douce nature nous est révélée par des

FIG. 3.

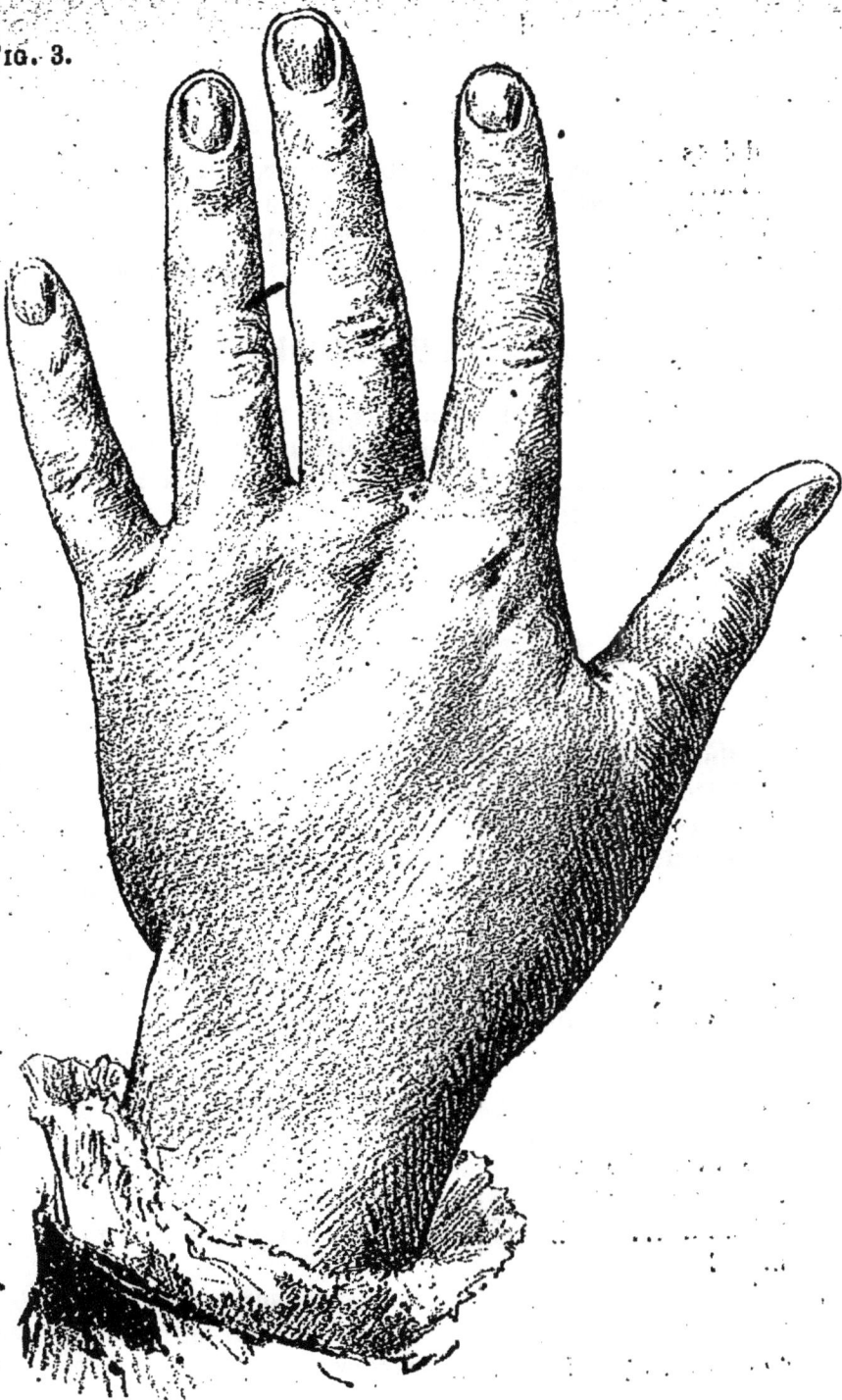

DOIGTS CONIQUES.
Intuition du beau, imagination, bonté.

doigts bien proportionnés ; une nature lourde, matérielle, par des gros doigts en boudins ; les doigts espacés entre eux indiquent la légèreté, la curiosité, l'égoïsme ; très rapprochés, la discrétion et l'économie.

IV. — LES ONGLES

Les volontaires, les combatifs, les violents, ont les ongles courts et durs ; les ambitieux, les méchants, ont les ongles durs et recourbés. Des points blancs sur les ongles révèlent une nature impressionnable, très nerveuse ; des ongles roses indiquent la santé et la bonté.

V. — CE QUE SIGNIFIE LA FORME DE LA MAIN

Une main *large* et *ferme*, aux doigts carrés, est évocatrice d'*énergie*, de *combativité* et de *courage*. Si elle est en même temps bien ouverte et que la longueur des doigts ne dépasse pas celle de la paume, elle indiquera *loyauté* et *franchise*, *largeur* et *élévation des idées*.

Au contraire, une main *étroite* et *molle*, aux *doigts longs* et *effilés*, témoignera d'un caractère un peu *efféminé*, *sans résistance*, et d'un cœur *égoïste*.

VI. — CE QUE DISENT LES LIGNES

Si la forme de la main et des doigts peuvent déjà nous renseigner si exactement, combien nous serons mieux avertis si nous pouvons étudier les lignes de la main !

Il est maintenant superflu d'insister sur l'utilité de ce petit manuel qui permettra à tous ceux qui le liront de connaître, à première vue, leur prochain et de se connaître soi-même, ce qui est toujours un grand avantage, surtout quand on a assez de volonté pour corriger ses défauts ou ses vices.

Les lignes de la main sont comme un alphabet qui permet de lire dans notre propre cœur et dans le cœur des autres.

C'est un signalement moral et un signalement physique, le portrait tracé par les fils nerveux et extra-sensibles du cerveau.

Si le cerveau et le cœur pensent, c'est la main qui exécute et agit.

La main est donc le miroir de l'âme, l'image de l'esprit. Elle enregistre comme un télégraphe nos mouvements intérieurs et nos pensées. Il y a un courant magnétique perpétuel entre ces deux pôles : le cerveau et la main.

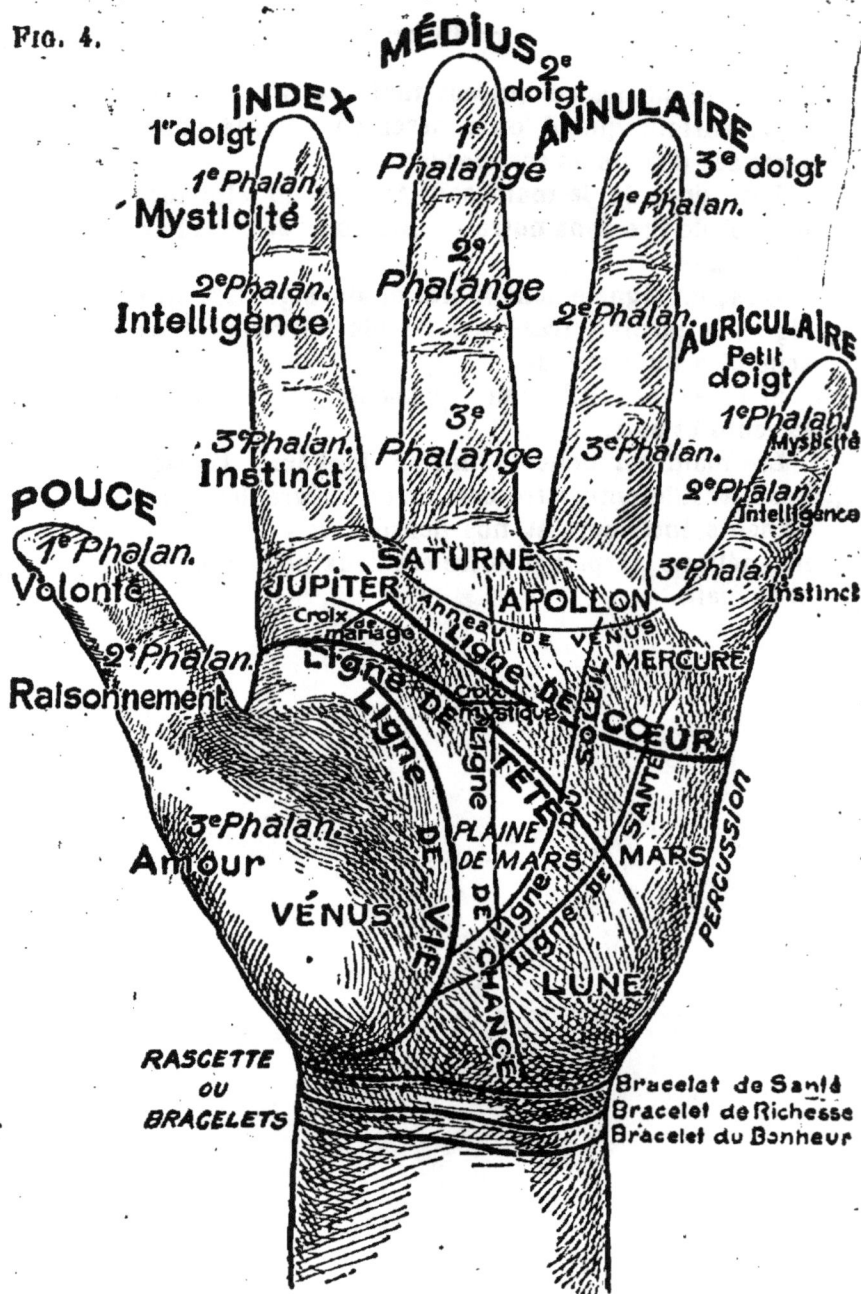

FIG. 4.

INDEX
1er doigt
1e Phalan.
Mysticité
2e Phalan.
Intelligence
3e Phalan.
Instinct

MÉDIUS 2e doigt
1e Phalange
2e Phalange
3e Phalange

ANNULAIRE
3e doigt
1e Phalan.
2e Phalan.
3e Phalan.

AURICULAIRE
Petit doigt
1e Phalan. Mysticité
2e Phalan. Intelligence
3e Phalan. Instinct

POUCE
1e Phalan.
Volonté
2e Phalan.
Raisonnement
3e Phalan.
Amour

JUPITER
SATURNE
APOLLON
MERCURE
Croix du mariage
Anneau de Vénus
Croix mystique
Ligne de cœur
Ligne de tête
Ligne de chance
Ligne de vie
Ligne de santé
PLAINE DE MARS
MARS
VÉNUS
LUNE
PERCUSSION

RASCETTE
OU
BRACELETS

Bracelet de Santé
Bracelet de Richesse
Bracelet du Bonheur

LA GÉOGRAPHIE DE LA MAIN.

Les pensées de notre cerveau sont imprimées sur notre main.

SECONDE PARTIE

La Géographie de la Main

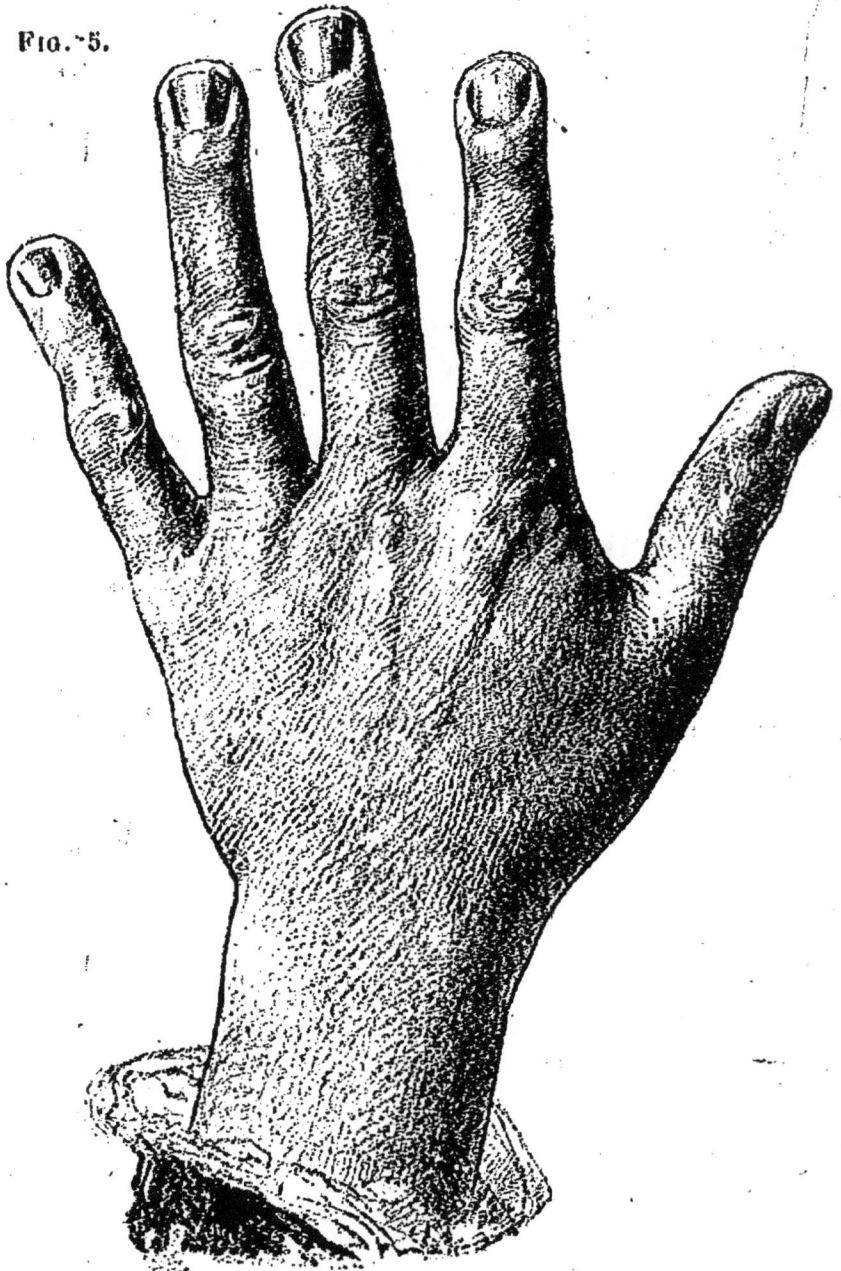

Fig. 5.

DOIGTS CARRÉS (Ordre, pondération, économie).
Main de la femme qu'il faut épouser.

SECONDE PARTIE

La géographie de la main. — Les doigts.
Les monts. — La plaine de Mars. — Les lignes.

LA GÉOGRAPHIE DE LA MAIN

La première chose à faire quand on va voyager dans un pays inconnu, c'est d'en étudier la géographie. Avant de faire de la chiromancie, apprenez d'abord à bien connaître la géographie de la main; et tout en lisant ces explications préliminaires et nécessaires, étudiez-les en vous servant de votre propre main ou de celle d'un de vos amis.

Ces indications sommaires sont complétées par une étude plus étendue qu'on trouvera plus loin.

Nous allons d'abord successivement passer en revue les doigts, les monts et les lignes.

2

I. — LES DOIGTS

Pouce. — La *première* phalange, celle de l'ongle, indique : volonté ; la *seconde*, raisonnement ; la *troisième*, comprenant le commencement du Mont de Vénus, amour.

Index (1ᵉʳ doigt, doigt de Jupiter) : *long, fuselé*, il révèle un esprit inquiet et versatile ; *pointu*, il annonce des dispositions méchantes ; *spatulé*, une force exubérante dans les actions ; *carré*, l'amour de la vérité, de l'ordre, de l'économie. La femme aux doigts carrés est celle que nous devons épouser, — elle sera la sûre, fidèle et active compagne et associée de notre vie.

Médius (2ᵉ doigt, doigt de Saturne) : *pointu*, frivolité ; *carré*, prudence ; *spatulé*, activité.

Annulaire (3ᵉ doigt, doigt d'Apollon) : *pointu*, amour des arts et des chimères ; *carré*, amour de la vérité et esprit supérieur ; *spatulé*, talent dramatique.

Auriculaire (petit doigt, doigt de Mercure) : *pointu*, éloquence, persuasion, diplomatie, ruse ; *carré*, jugement droit, entente des affaires.

L'index et le médius très écartés, quand la main est ouverte, indiquent : *indépendance de pensées* ; l'annulaire et l'auriculaire très éloignés, *indépendance dans les actions* ; si tous les doigts sont très écartés : *originalité, confiance en soi-même.*

Les troisièmes phalanges grosses à leur racine révèlent la *gourmandise* ; les premières phalanges recourbées en haut, crochues, *avarice* ; recourbées en arrière, *extravagance.*

Le pouce recourbé et retombant dans la paume de la main révèle *l'avarice* ; dans l'autre sens, c'est-à-dire en dehors, la *générosité.*

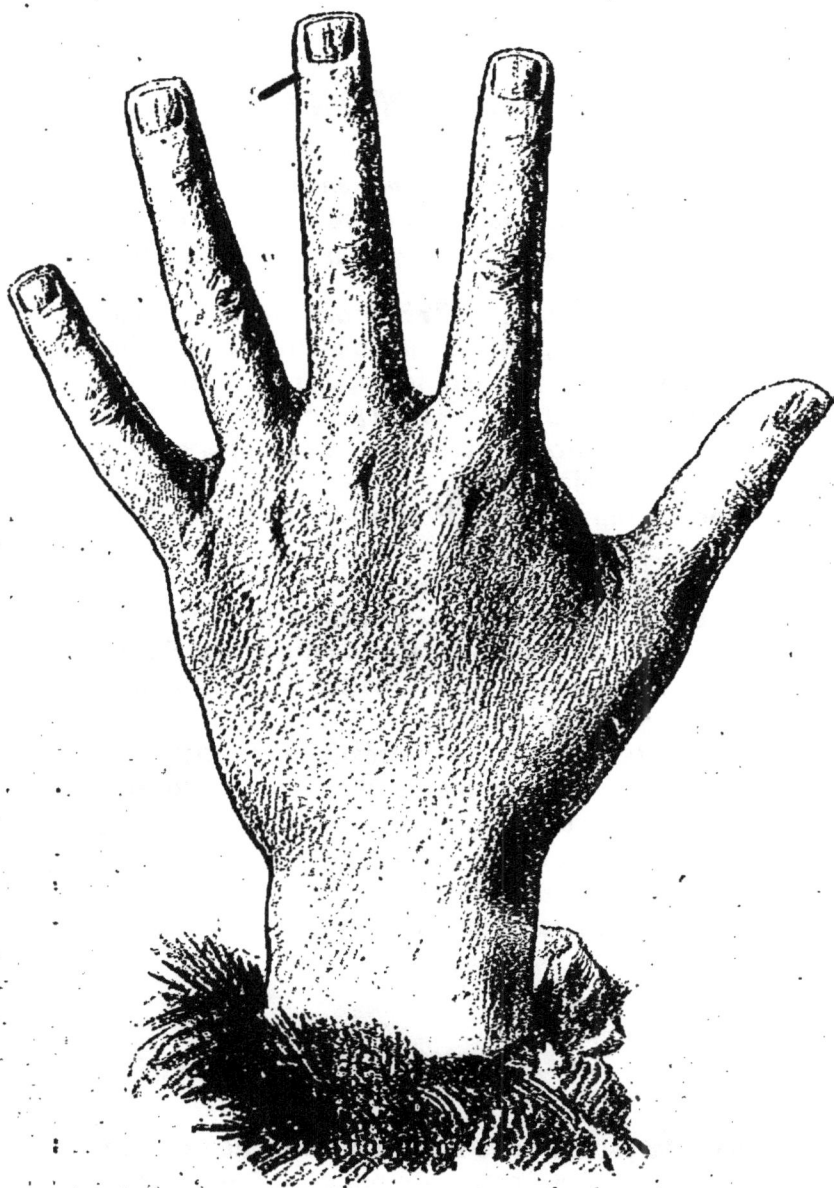

FIG. 6.

DOIGTS SPATULÉS

Aptitudes scientifiques. — Activité physique.

II. — LES MONTS

On appelle monts les proéminences, les renflements plus ou moins accentués qui se voient à la racine des doigts et auxquels on a donné leurs noms (voir fig. 7).

Mont de Jupiter. — *Très proéminent :* religiosité, ambition réalisée, esprit dominateur et autoritaire, superstition ; *absent :* irréligion, paresse, grossièreté.

Mont de Saturne. — *Très proéminent :* réflexion, prudence, taciturnité, tristesse ; *peu apparent :* malchance, vie insignifiante.

Mont d'Apollon. — *Proéminent :* grandes facultés intellectuelles et artistiques, amour de l'argent, mensonge ; *peu apparent :* ennui et tristesse.

Mont de Mercure. — *Proéminent :* amour des sciences, vivacité d'esprit, imagination créatrice ; *très proéminent :* mensonge, fourberie, possibilité de vol ; *peu apparent :* vie passive.

Mont de Vénus. — *Proéminent :* amour de la beauté et du plaisir ; *très proéminent :* inconstance, luxure ; *à peine en relief :* froideur.

Mont de la Lune. — *Très proéminent :* imagination, chasteté, idéalité ; *extraordinairement élevé :* désespérance, maladies nerveuses ; *absent :* découragement, ennui.

LA PLAINE DE MARS

Dans la paume de la main, on distingue une plaine : la *plaine de Mars*, entre le mont de la Lune et le mont de Vénus, sous le mont de Jupiter (voir fig. 7.)

La *plaine de Mars*, si elle est bien apparente, indique le courage, la bravoure, la passion.

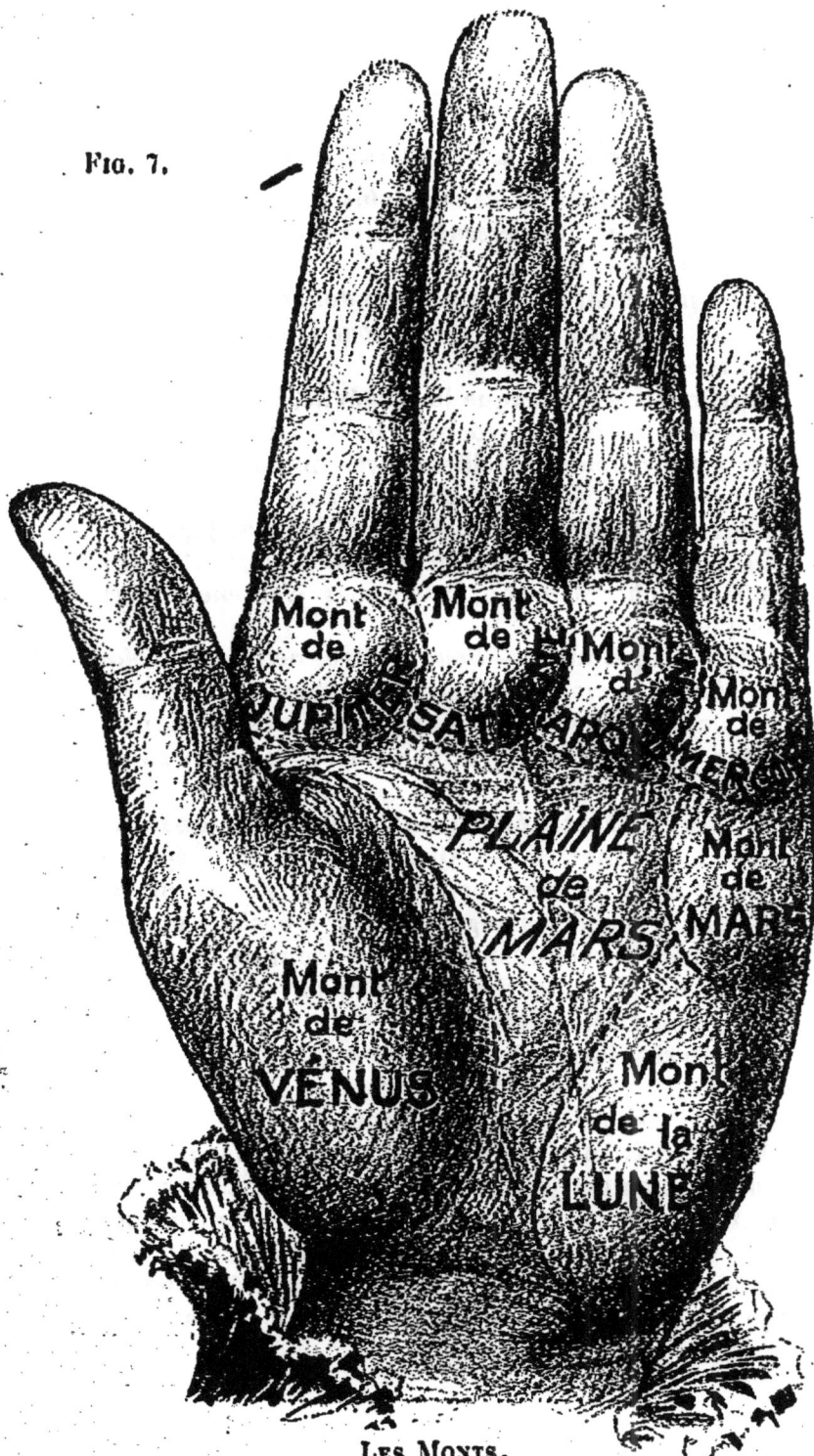

FIG. 7.

Mont de JUPITER

Mont de SATURNE

Mont d'APOLLON

Mont de MERCURE

PLAINE de MARS

Mont de MARS

Mont de VÉNUS

Mont de la LUNE

LES MONTS.
Il y en a 7 à la racine des doigts.

III. — LES LIGNES

Ce sont les sillons plus ou moins profonds, plus ou moins longs qui traversent et marquent la main en tous sens. (Voir fig. 1.)

Les lignes étant mieux marquées dans la MAIN GAUCHE, *c'est toujours elle qu'on prend pour l'étude des lignes de la main.*

Ligne de Vie (marque la longévité, la santé, etc.). — *Longue, nettement tracée :* vie de longue durée et belle santé; *double,* vieillesse très prolongée et très heureuse. (*Voir fig. de la* Main heureuse, page 58).

Ligne de tête. — *Bien tracée et longue :* jugement sain, clarté d'esprit; *très écartée de la ligne de Vie :* confiance en soi-même; *brisée sous Saturne :* mort violente.

Ligne de Cœur. — *Belle et pure, nette, bien colorée, allant du mont de Jupiter jusqu'au mont de Mercure :* amour fort et heureux; *courte :* cœur sec; *en chaîne :* inconstance; *rouge :* amour tragique; *pâle :* débauche.

Ligne de Destinée, ligne de Saturne, de fatalité ou de chance. — Quatre points de départ : 1° *de la ligne de Vie :* bon augure; 2° *de la plaine de Mars :* ennuis passagers; 3° *du bracelet :* chance et destinée extraordinaires; 4° *du mont de la Lune :* chance née du hasard ou de l'amour, richesse par mariage ou héritage inattendu.

Ligne de Santé, hépatique ou de foie. — *Bien marquée, longue et nette :* forte santé et belle intelligence; *sinueuse :* santé chancelante.

Ligne d'Intuition (très rare, partant de la ligne de Santé et montant jusqu'au petit doigt). Visible seulement dans les mains de personnes d'une intelligence et d'une imagination remarquables. Révèle une perception des hommes et des choses spontanée, instinctive, indépendante de la réflexion ; un don de seconde vue et de prophétie.

TROISIÈME PARTIE

La forme des Mains et des Doigts

FIG. 8.

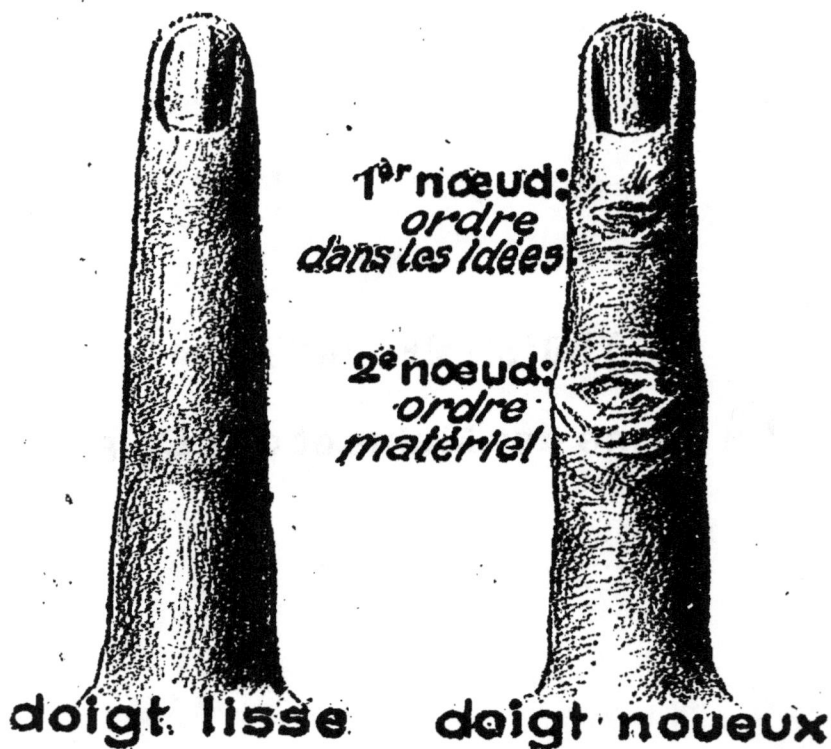

1ᵉʳ nœud:
ordre
dans les idées

2ᵉ nœud:
ordre
matériel

doigt lisse   doigt noueux

TROISIÈME PARTIE

Ce qu'on lit à première vue dans la main.

I. — SIGNIFICATION
DE LA FORME DES MAINS

Il est inutile d'avoir fait aucune étude préparatoire
pour voir immédiatement si la main est longue et étroite
ou courte et épaisse; de même qu'il suffit d'une seule
poignée de main pour distinguer si elle est molle ou
ferme.

On remarquera tout d'abord si les **doigts** sont *lisses*
ou *noueux* à leurs jointures et si leur extrémité est
pointue, carrée, ou en forme de *spatule.*

Les **mains petites**, très fuselées et selon le modèle
adopté par les peintres et les sculpteurs, ne sont pas
toujours les plus favorables à la valeur de l'individu, et
les belles mains de certaines statues ne révèleraient
rien de bien bon sur leur propriétaire s'il fallait les
étudier.

Dans les **mains longues** il y a de l'*art*, du *goût*, de
l'*adresse*; dans les courtes, de la *volonté* et des *aptitudes commerciales.*

Une **main très étroite** ne vaut généralement pas
grand chose au point de vue de l'imagination.

La **main molle**, fondante, est un signe d'*impressionnabilité*, mais révèle encore un *tempérament non-
chalant.*

La **main dure** est synonyme d'*activité.*

La paume de la main trop longue par rapport aux doigts (il est facile de la mesurer), nous apprend que la *matérialité domine l'intelligence*; courte, que c'est au contraire l'*intelligence qui a la priorité*.

Les mains dont la paume est couverte de nombreuses lignes révèlent à première vue la *nervosité*, le *tempérament inquiet et susceptible*.

La paume presque dépourvue de lignes se remarque chez les personnes *pondérées* ou un peu *fatalistes*.

II. — CE QUE RÉVÈLENT
LES DOIGTS

Les doigts **longs** sont signes d'*adresse*, d'*élégance*; courts, d'*aptitudes administratives et commerciales*.

Longs ou courts ils présentent les aspects suivants : pointus, carrés ou spatulés, c'est-à-dire élargis du bout, en spatule.

Pointus, ils indiquent le goût de la *poésie*, des *romans*, des *arts* (voir fig. 2); carrés, l'*ordre*, le *souci du devoir*, souvent encore la *minutie* (voir fig. 5); **spatulés**, les *aptitudes scientifiques* et le besoin d'*activité physique* (voir fig. 6).

Les **doigts lisses** sont *plus primesautiers que réfléchis*; par contre, s'ils ont des jointures formant des nœuds, ils sont à leur tour portés vers la *réflexion*, la *philosophie*, l'*observation* (voir fig. 8).

Le **pouce** long est un signe de *domination*; court, de *servitude*; renversé en dehors de la main, de *générosité*; incliné vers la paume, d'*avarice*.

Plus sa première phalange est longue, plus il possède de *volonté*; plus la seconde est longue, plus il possède de *jugement*, de *logique* (voir fig. 9).

3e Phalange épaisse: *amour charnel*

3e Phalange

Pouce en-bille: *pouce des assassins*

1e Phalange

Intelligence

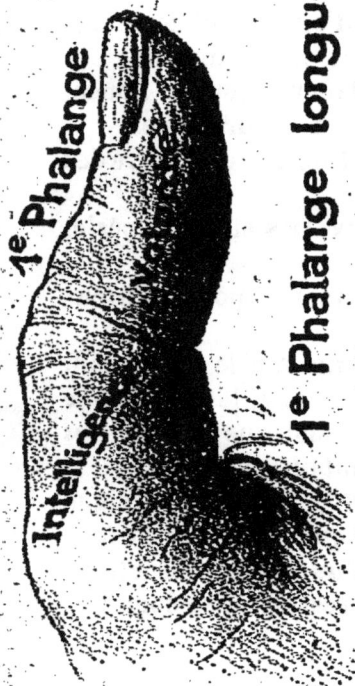

1e Phalange longue: *plus de volonté que d'intelligence*

2e Phalange

Intelligence

2e Phalange longue: *plus d'intelligence que de volonté*

FIG. 9 : LES POUCES. — *Ce que révèlent les doigts.*

Courtes, ces deux phalanges laisseront l'individu sous la domination d'autrui en lui enlevant tout esprit d'initiative.

Si, quoique court, le pouce est très large, sa signification change au détriment de l'individu qui est alors rageur et coléreux.

De plus, *si ce doigt se termine en bille*, c'est-à-dire si sa partie onglée s'élargit et s'épaissit démesurément, cette violence et cette colère peuvent le conduire au crime.

C'est le pouce de la plupart des assassins.

III. — LES DOIGTS ET L'INFLUENCE ASTRALE

Les doigts, en chiromancie, et d'après l'influence astrale qu'ils subissent, prennent les noms suivants :

Doigt de Vénus (déesse de l'Amour) pour le Pouce.

Doigt de Jupiter (maître des dieux) pour l'Index.

Doigt de Saturne (fils du Ciel et de la Terre, père des dieux) pour le Médius (2e doigt).

Doigt d'Apollon (dieu des Beaux-Arts et de la Poésie) pour l'Annulaire (3e doigt).

Doigt de Mercure (dieu du Commerce) pour l'Auriculaire (petit doigt).

Le **doigt de Jupiter** (le 1er), long, révèle *l'ambition, l'autorité, la soif de la gloire*; très long, le *despotisme* et souvent aussi le *mysticisme* ainsi que le *goût des arts dans leur interprétation symbolique.*

Le **doigt de Saturne** (le 2me), long est un signe d'orgueil, mais *d'orgueil caché qui engendre la tristesse.* On voudrait parvenir aux plus grandes situations et, dans la crainte d'un échec, on reste dans sa coquille. *C'est le doigt des incompris.*

[Fig. 10.

ANNULAIRE MÉDIUS

INDEX

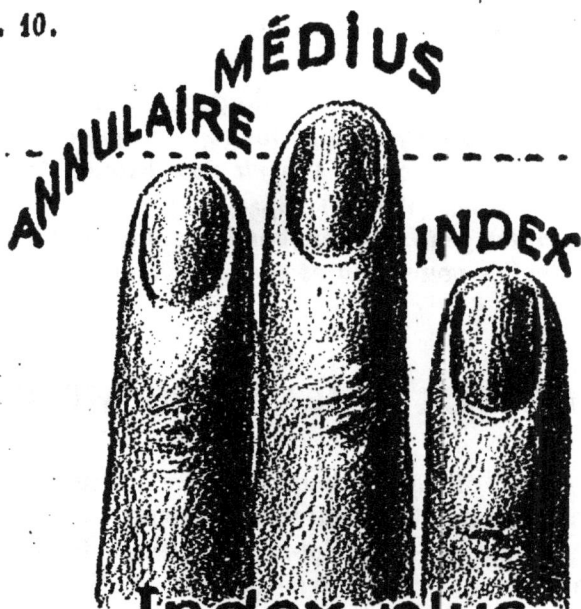

Index plus
court qu'annulaire:
préfère la gloire à l'argent

Le doigt d'Apollon (le 3me), renferme les arts. S'il
est plus long que celui de Jupiter, *les aspirations artistiques feront négliger l'ambition.* Aussi long que celui de
Saturne, il révèle le *tempérament du joueur* et un cer-
tain *esprit aventureux.*

Le doigt de Mercure (le 4me) long se rencontre
chez l'*homme de sciences;* très long, il est un signe d'*éloquence, d'esprit primesautier, de souplesse de corps
et d'adresse physique.* Court, il donne l'*intelligence
docile, le désir d'imiter et de suivre les maîtres.*

IV. — CE QUE DISENT LES ONGLES

Il convient encore, dans l'étude générale de la main, de considérer les **ongles** qui, longs, indiquent la *timidité*, *l'irrésolution* ; courts, *l'esprit de critique*, *l'ordre*, la *confiance en soi* (*Voir fig. 12*).

Se méfier des gens qui rongent leurs ongles : ils sont nerveux, irrités pour rien et souvent vicieux.

V. — CE QUE DISENT LES MONTS

Nous avons dit que chaque doigt a un mont correspondant. Ce mont se trouve à la naissance du doigt et porte le nom du doigt lui-même : mont de *Jupiter* pour l'index, mont de *Saturne* pour le médius, mont d'*Apollon* pour l'annulaire, mont de *Mercure* pour l'auriculaire, mont de *Vénus* pour le pouce (*Voir fig. 1, p. 4*).

Le **mont de Vénus** proéminent est l'indice de *l'amour sensuel* et de la *volupté* ; développé, mais exempt de petites lignes, il indique de la *gaîté*, un *bon cœur* ; normal, de *l'affection* ; plat, de *l'égoïsme*, de la *froideur*.

Sillonné de lignes parallèles à la racine du pouce et venant se terminer dans la ligne de tête, il révèle les *embarras d'argent* ; s'il a une ligne qui gagne le mont de Mercure, il faut en conclure : *fortune par l'amour* ; s'il possède deux lignes se dirigeant vers le mont de Mars : *intrigue amoureuse* ; s'il possède une étoile d'où part une ligne gagnant le mont d'Apollon : *héritages* ; une ligne accentuée prenant naissance à sa racine et gagnant la ligne de chance : *passions violentes* ; trois lignes allant couper les lignes de vie, de chance

FIG. 11.

MÉDIUS

INDEX

ANNULAIRE

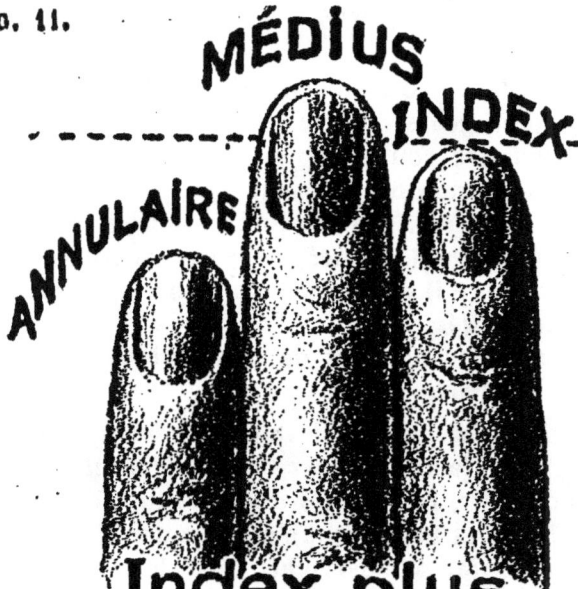

Index plus
grand qu'annulaire:
préfère l'argent à la gloire

et de tête : l'amour *gâchera la vie*; trois étoiles près de la ligne de vie : *amour partagé et toutefois malheureux*.

Le mont de Jupiter (sous le premier doigt), développé, dénote l'*ambition*, le *besoin de protéger*; couvert, ainsi que le mont de Saturne, de petites lignes, il révèle l'*envie*; plat, il indique la *paresse*, la *vie inutile*; strié de lignes creuses, la *bonne fortune*; large, il révèle la *gaîté*. Si ce mont est absent, c'est le *manque de dignité et de sociabilité*.

Le mont de Saturne développé est un signe de *mélancolie*; plat, *d'imprudence*. Avec une seule ligne

2

bien tracée : *triomphe par l'intelligence*; avec deux lignes onduleuses : *intelligence mal utilisée*.

Absent, c'est la *vie triste, sans satisfactions complètes*.

Le **mont d'Apollon** développé veut dire *gloire*; très proéminent, *génie*; creusé dans le milieu : *tempérament artistique*; couvert de petites lignes : *affectation*; large et surmonté d'un carré : *frivolité*; strié de lignes fines : *insuccès*. S'il est proéminent et possède deux lignes horizontales : *richesses*; s'il est rond à son sommet : *succès*. S'il s'élève très près de la naissance du doigt : *curiosité*.

Absent : *manque complet de sens artistique, existence morne et triste*.

Le **mont de Mercure** développé révèle l'*esprit*, l'*intuition*, une *tendance aux études scientifiques et surtout médicales*, la *réussite dans les affaires commerciales*. Large et paraissant s'étendre dans la paume, il indique le *génie*; s'il est plat, c'est le *dédain des affaires de commerce*; développé vers le revers de la main, la *ruse*, la *propension au mensonge*; couvert de lignes en grilles, la *disposition au vol*. S'il possède une ligne gagnant le doigt : *amitiés célèbres, fortune*; plusieurs lignes ascendantes et nettement tracées : *talent médical*.

Ce mont absent, il faut conclure à un *manque complet d'aptitudes scientifiques*.

Le **mont de la Lune** développé est un signe d'*imagination*, de *goût pour la littérature*, il révèle l'*esprit poétique*. Etroit et plat : *imagination pauvre*. Donnant naissance à une ligne qui va traverser la ligne de chance : *imagination macabre*; strié de lignes qui se croisent : *gaîté dans l'imagination*; élevé et couvert de lignes : *nervosité, superstition, jalousie*; avec une ligne courbe s'élançant sur le mont de Mercure : *intuition*; traversé de lignes nées dans le bracelet pour atteindre la ligne de santé : *malheurs, voyages malheureux*.

Fig. 12.

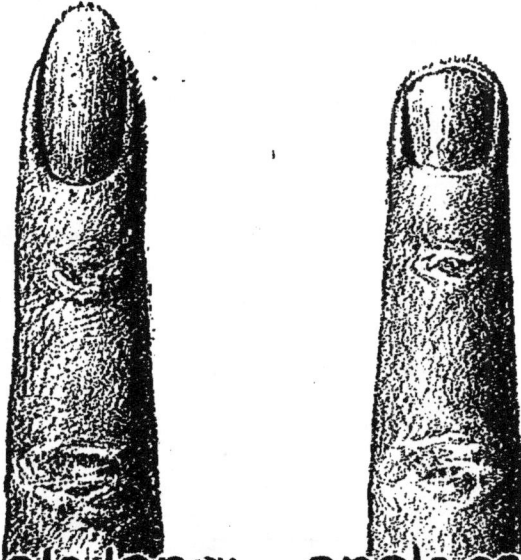

ongle long:
TIMIDITÉ   ongle court:
ORDRE

Ce que disent les ongles. (V. p. 12.)

L'absence de ce mont indique le *manque d'imagination*, le dédain de la *littérature et de la poésie.*

La plaine de Mars presque sans lignes donne un *tempérament peu exubérant* et un *esprit fataliste*; sillonné de lignes, un *caractère impatient et nerveux.*

Très proéminente, elle révèle l'énergie, l'audace, un *tempérament coléreux*, quelquefois encore une *tendance à l'assassinat.* Traversée de lignes parallèles, elle laisse deviner une *nature inquiète*; avec une ligne nette montant vers le mont de Saturne : *mort sur un champ de bataille*; avec trois lignes verticales bien accentuées : *vocation médicale.*

L'absence de ce mont révèle la *peur*, la *lâcheté*.

L'absence complète de tous les monts que nous venons d'énumérer se rencontre dans la main du *méticuleux ridicule*, de l'ordonné *exagéré* et de l'avare.

———

QUATRIÈME PARTIE

Les lignes de la Main

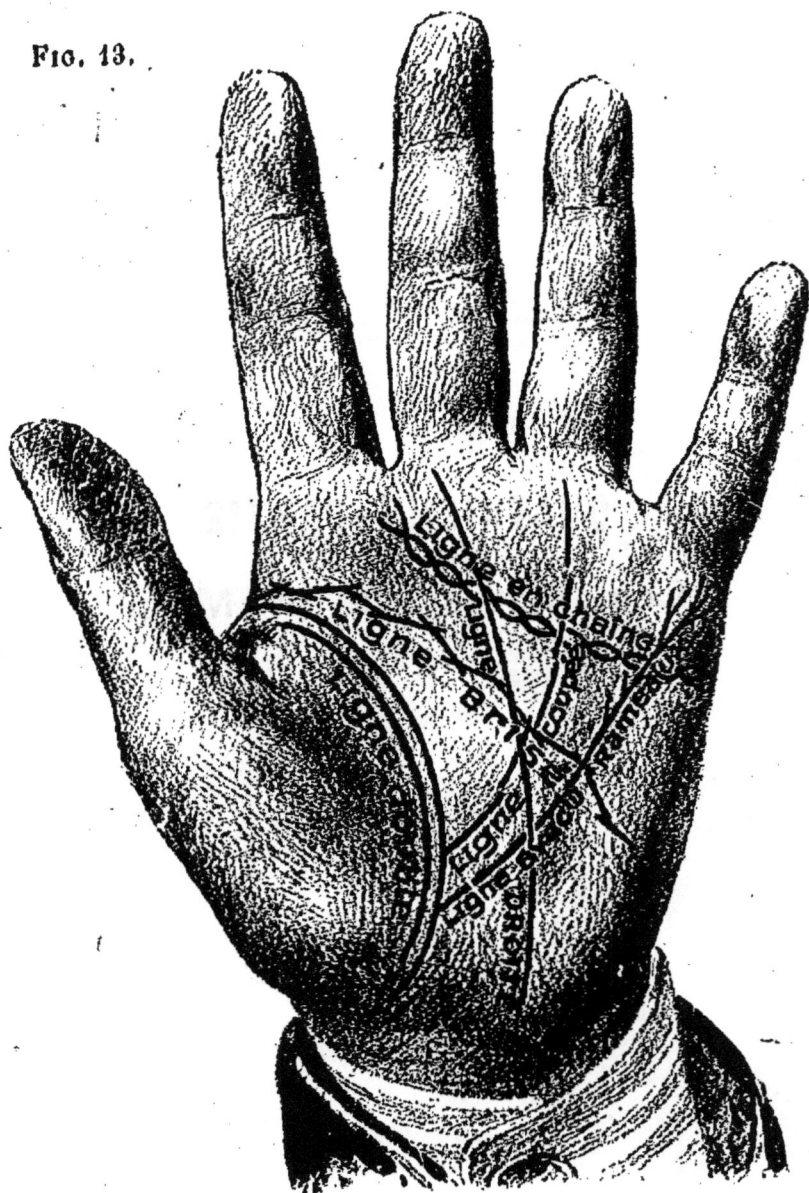

FIG. 13.

Ligne de cœur en chaine. — Ligne de tête brisée. — Ligne de chance coupée. — Double ligne de vie.

QUATRIÈME PARTIE

*Les lignes de la main. — La ligne de chance et celle
de mariage. — Ce que disent les lignes de la
main. — Les anneaux et les bracelets. — Les
croix, les étoiles, les carrés, les triangles.*

―――

I. — LES LIGNES DE LA MAIN

Dans l'étude approfondie de la chiromancie, chaque
ligne a sa signification propre suivant la forme qu'elle
revêt et sa position par rapport aux autres lignes et
surtout aux principales lignes qui sont comme la char-
pente de cette science.

Ces principales lignes, faciles à suivre et à étudier
dans notre figure générale de la main (V. la *géographie
de la main*, fig. 4), sont les suivantes :

La **ligne de vie**, qui entoure le mont de Vénus.

La **ligne de tête**, qui prend naissance entre le pouce
et l'index, presque au même endroit que la ligne de vie
et qui traverse la main parallèlement à la ligne de cœur.

La **ligne de cœur**, qui prend généralement naissance sur le mont de Jupiter (1er sujet) et passe sous
les monts de Saturne, d'Apollon et de Mercure pour se
terminer au revers de la main.

La **ligne de chance**, appelée aussi *ligne de Saturne*,
qui part du haut du poignet, traverse le milieu de la
main et vient se terminer sous le mont de Saturne ou
de Mercure.

La *ligne du soleil* ou d'*Apollon*, qui va de la ligne de
vie au mont d'Apollon (3e sujet).

La *ligne de santé* ou *hépatique*, qui part de la ligne de vie, passe près des monts de la Lune et de Mars et va se terminer dans le mont de Mercure (petit doigt).

La *ligne d'intuition* ou *ligne de la Lune*, qui contourne le mont de la Lune et vient se terminer au haut du mont de Mercure.

La *ligne de Mars*, que toutes les mains ne possèdent pas et qui est parallèle à la ligne de vie.

La *ligne de mariage*, qui prend naissance (V. *fig. 4*) sur la ligne de cœur et va se terminer au revers de la main.

II. — CE QUE DISENT LES LIGNES DE LA MAIN

La **ligne de Vie**, comme son nom l'indique, se rapporte à l'existence même de l'individu. Selon qu'elle est longue et très nette, ou tortueuse et courte, on peut en conclure que son possesseur jouira d'une existence agréable et longue, ou courte et maladive (v. fig. 14).

Si les lignes de Vie, de Cœur et de Tête prennent naissance au même point, l'expérience nous a appris que de tels sujets ont à craindre une *mort violente*.

Si la ligne de Vie prend naissance sur le mont de Jupiter, le sujet connaîtra la *gloire* ou tout au moins le *succès*; soit qu'il s'occupe de commerce ou d'art. Formant de nombreux rameaux, elle indique de non moins nombreux *changements de situation*; brisée dans les deux mains, des *infirmités héréditaires*; se terminant par plusieurs croix, une *malchance opiniâtre*.

Elle donne encore les indications suivantes :

Formant des îles (groupe de petits signes) : *maladies héréditaires*; avec une ligne se terminant dans une île sur le mont de Jupiter : *pleurésie*; avec une ligne lui étant parallèle : *nervosité*; avec une ligne partant de

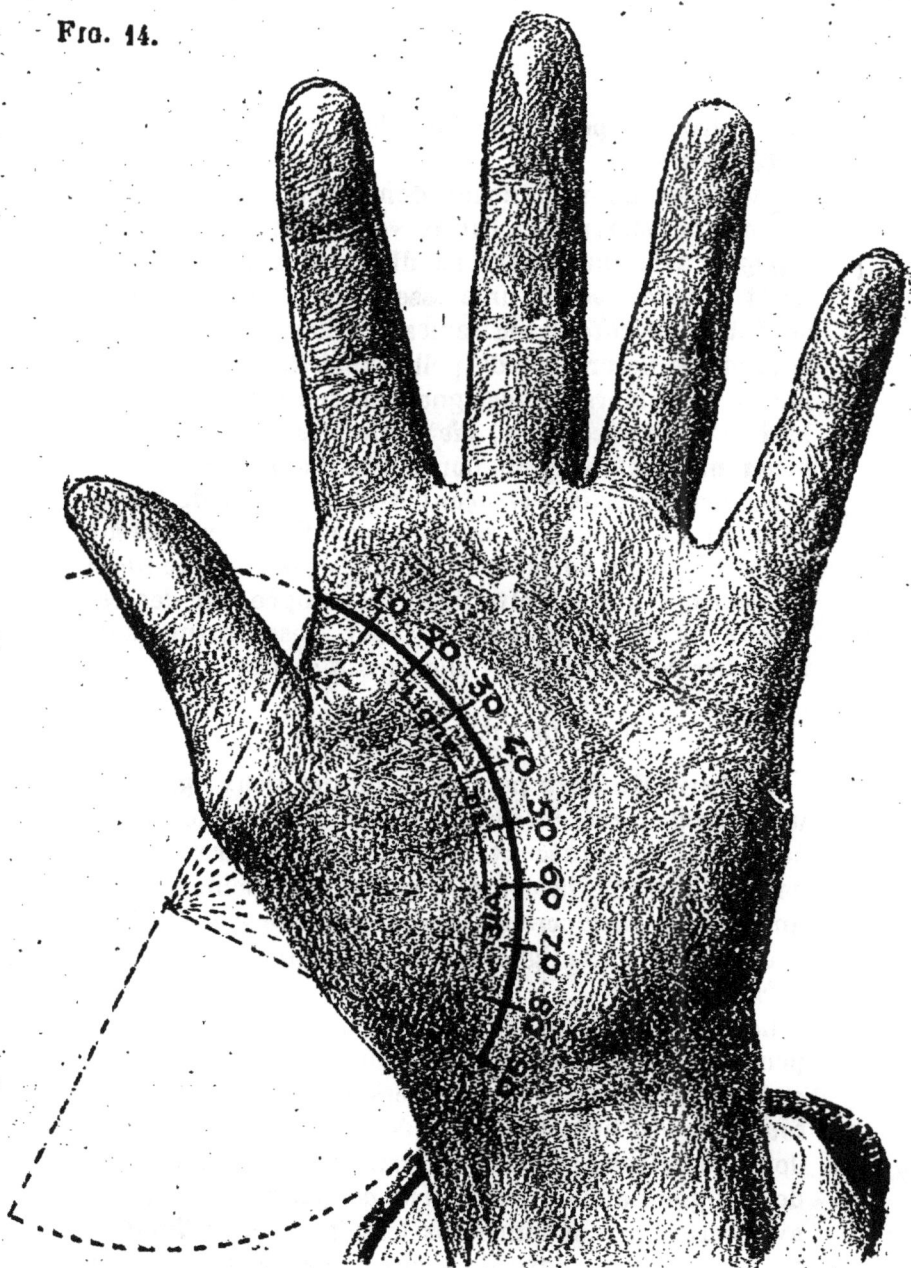

Fig. 14.

COMBIEN D'ANNÉES VIVRAI-JE ?
Échelle de la ligne de vie de 10 à 90 ans.

son extrémité pour finir dans le mont de Mercure *succès oratoires.*

Divisée en deux branches, dont l'une se dirige vers le mont de Mercure et l'autre vers celui de la Lune : *voyages*; avec un rameau se dirigeant vers ce même mont : *rhumatismes*; unie assez longtemps à la ligne de Tête : *timidité*; avec rameaux s'élevant jusque sur le mont de Saturne ou d'Apollon : *héritages*; se terminant en plusieurs petites lignes qui semblent rejoindre le bracelet : *déceptions, vie incomprise*; avec un rameau montant vers le pouce : *maladie dangereuse*; avec des rameaux s'élançant vers la ligne de Tête : *honneur et richesses*; mais si ces lignes s'arrêtent dans la plaine de Mars : *difficultés pour parvenir à ces biens.* Enfin si cette ligne est coupée par des rameaux venant de la ligne de Cœur, c'est un indice de *maladies causées par des chagrins d'amour.*

LA LIGNE DE TÊTE

La ligne de Tête paraissant former deux lignes est un signe de *haute intelligence*; dans ce cas, elle est encore très accentuée et longue. Longue, droite, bien nette, elle révèle la *volonté*; courte et à peine visible, une *volonté médiocre* et une *intelligence peu éveillée*; si elle s'arrête à la ligne de Chance, le sujet est des plus bornés.

Longue et droite, elle est synonyme d'*économie*; penchée vers le mont de la Lune, d'*éloquence* et de *poésie*, d'*idéalisme*; montant vers la ligne de Cœur, d'*étourderie*; se liant à la ligne de Cœur à la hauteur du doigt de Saturne : *fatalité.* Prenant naissance au-dessus de la ligne de vie : *brusquerie, confiance en soi.* Liée avec cette ligne sur un assez long parcours : *timidité*; montant vers la ligne de Cœur et paraissant enserrer les doigts d'Apollon et de Mercure : *folie*; même signification si elle possède un rameau allant se terminer dans une étoile près du poignet.

Notons encore ces différents signes :

Une île sur son parcours : *fièvre cérébrale* ; rouge et parsemée de points noirs : *fièvres*; points blancs dans la hauteur du mont de Saturne : *succès d'argent*; longue mais à peine indiquée : *frivolité*; onduleuse : *honnêteté relative*; se terminant en deux rameaux dont l'un vient échouer dans le mont de Mars et l'autre dans celui de la Lune : *hydrophobie*. Longue, prenant naissance avec la ligne de Vie et se penchant vers le poignet : *nervosité, hystérie, imagination troublée*; très éloignée de la ligne de Vie : *absence d'intelligence*; se dirigeant vers le mont de Mercure : *art mimique*; rejoignant la ligne de Cœur sous le mont de Mercure : *mort prématurée*.

Divisée au bout, avec un rameau se dirigeant vers le mont de la Lune : *mensonge*; se penchant vers la ligne de Cœur : *timidité*; avec un rameau venant s'arrêter dans une étoile sur le mont de Jupiter : *succès extraordinaire*; si ce rameau monte dans le doigt de Jupiter : *vanité, orgueil*; si ce rameau s'arrête dans une étoile : *l'orgueil sera fatal*; formant avec la ligne de Vie un angle aigu : *prudence*; s'arrêtant sur le mont de Mercure : *esprit à la hauteur des circonstances*; entièrement séparée de la ligne de Vie : *présomption*; avec un rameau partant de son extrémité pour gagner la ligne de Cœur : *la raison sera plus forte que le cœur*; avec plusieurs branches gagnant le mont de Saturne : *richesses*; points blancs à la hauteur du doigt de Saturne : *succès dans les sciences*; rameaux montant vers Mercure : *réussite en affaires*; avec des lignes se dirigeant vers la ligne de Cœur sans la toucher : *esclavage par l'affection*; divisée : *vocation diplomatique*; coupée par une ligne creuse au bas du mont d'Apollon : *ruine par l'amour*; se penchant vers la ligne de Vie : *amour néfaste*; avec une tache bleue dans la plaine de Mars : *tendance à l'assassinat*.

LA LIGNE DE CŒUR

La ligne do Cœur très nette est de bon augure ; si elle possède, à sa naissance, des sortes de racines partant du mont de Jupiter, ces chances augmentent encore. Par contre, si elle a un parcours tortueux et si elle est coupée par une quantité de petites lignes, il faut en conclure que son possesseur aura beaucoup de *désillusions* et autant de *chagrins d'amour* ; faiblement tracée ou s'arrêtant à la hauteur du mont de Saturne, elle signifle : *égoïsme* ; descendant vers la ligne de tête : *manque complet d'intelligence* ; onduleuse : *nature coquette* ; creuse et rouge : *cruauté* ; très rapprochée do la ligne de Tête : *hypocrisie* ; venant entourer le mont de Jupiter : *jalousie* ; longue, large mais peu ndiquée : *tendance au meurtre* ; avec des rameaux venant échouer dans le mont de Jupiter : *idéalisme en amour* ; commençant au bas du mont de Saturne : *matérialisme en amour* ; double : *dévouement en amour* ; points blancs sur son parcours : *amourettes multiples et heureuses* ; avec une île : *amour illégal.*

Brisée sous le mont de Saturne : *mort prochaine* ; sous celui d'Apollon : *fatuité* ; sous celui de Mercure : *sottise* et *avarice* ; en chaîne : *tempérament cardiaque.*

Cette ligne complètement absente de la ma n est l'indice de l'*égoïsme* et de la *cruauté.*

LA LIGNE DE CHANCE

La ligne de Chance très nette et très longue, allant du poignet au mont de Saturne et se divisant au bout, promet *la plus grande gloire* ; si elle s'élance dans le doigt de Saturne : la *richesse* et aussi une *destinée des plus étonnantes.*

Peu indiquée et se séparant dans le milieu de la main en deux lignes qui se rejoignent ensuite, elle indique la *malchance* et la *non réussite* ; bien nette et prenant naissance dans la plaine de Mars : *vie facile*; brisée à la ligne de Tête : *changement de situation*; penchée vers le mont d'Apollon : *grande éloquence*; prenant naissance sur le mont de la Lune : *fortune procurée par des amis*; venant se terminer vers le mont de Jupiter : *stupidité*; s'élevant dans le mont de Saturne : *emprisonnement*; onduleuse, avec une ligne parallèle : *malheur*; s'arrêtant à la ligne de tête : *malheur causé par des fautes personnelles*; partant du mont de la Lune et s'arrêtant à la ligne de Cœur : *mariage heureux*; avec beaucoup de lignes venant la couper horizontalement : *chagrins*; avec un rameau se dirigeant vers le mont de la Lune : *peines de cœur*; avec des rameaux descendant dans le bracelet : *revers*.

Partant de la ligne de Tête : *réussite tardive*; avec une ligne gagnant le mont de Mercure : *succès dramatiques*; s'arrêtant entre les doigts de Jupiter et de Saturne : *vie tranquille*; rejoignant la ligne de Cœur et finissant avec elle sur le mont de Jupiter : *amour unique*; cassée près de la ligne de cœur : *rupture d'amour*.

Il convient de dire ici que certaines mains de gens médiocres présentent une ligne de Chance des plus nettes et des plus accentuées; dans ce cas, il faut conclure que, vu leur mentalité inférieure, ces personnes, ignorantes des ambitions et des succès tapageurs, n'en sont pas moins contentes de leur sort et, sans rien souhaiter des honneurs et des lauriers qu'apporte la gloire, ne s'en trouvent que plus parfaitement heureuses.

LA LIGNE DU SOLEIL OU SOLARIENNE

La ligne du Soleil prenant naissance dans la ligne de Vie est synonyme de *fortune*; se terminant au haut du mont d'Apollon, elle indique également la *célébrité*. Longue, elle fait prévoir la *richesse*; très nette, le *triomphe* et la *gloire*; se divisant en trois branches à son extrémité, les *honneurs*. Par contre, si elle vient échouer dans de nombreuses petites lignes au bas du mont d'Apollon, c'est *l'insuccès en art ou en affaires*.

Les poètes, les littérateurs, les fortunés du sort et les heureux de ce monde ont toujours une belle ligne solarienne.

Avec elle, la misère de longue durée n'est pas à craindre, non plus que l'insuccès persistant. Elle éclaire l'existence d'un rayon de l'astre éblouissant dont elle porte le nom, et elle amène souvent la gloire lorsqu'elle est parfaite, les honneurs presque toujours.

Absente : *non réussite, ambitions inutiles.*

LA LIGNE DE SANTÉ

La ligne de Foie (hépatique) ou de Santé, selon qu'elle est nette ou tourmentée, laisse deviner le rôle que jouent les maladies chez l'individu. Brisée, il y a à craindre une *grande maladie* ; rouge, les *fièvres* ou *l'apoplexie.* Si elle prend naissance dans la ligne de Vie, le sujet a *tendance à s'évanouir facilement* ; si elle monte vers le mont de Saturne, c'est l'indice d'une *longue vieillesse* ; si elle se rencontre avec la ligne de Tête sur le mont de la Lune, le sujet est *exubérant* ; si un de ses rameaux gagne le mont de Jupiter, il accomplira ou a accompli des *voyages.*

L'absence de cette ligne ne se rencontre que chez les gens vifs, gais, pressés de vivre.

LA LIGNE D'INTUITION

La ligne d'Intuition (v. fig. 15) est faible ou marquée suivant que l'on possède plus ou moins cette qualité. Traversée de nombreuses lignes, elle est synonyme de *voyages.* La ligne d'intuition est marquée sur la Plaine de Mars.

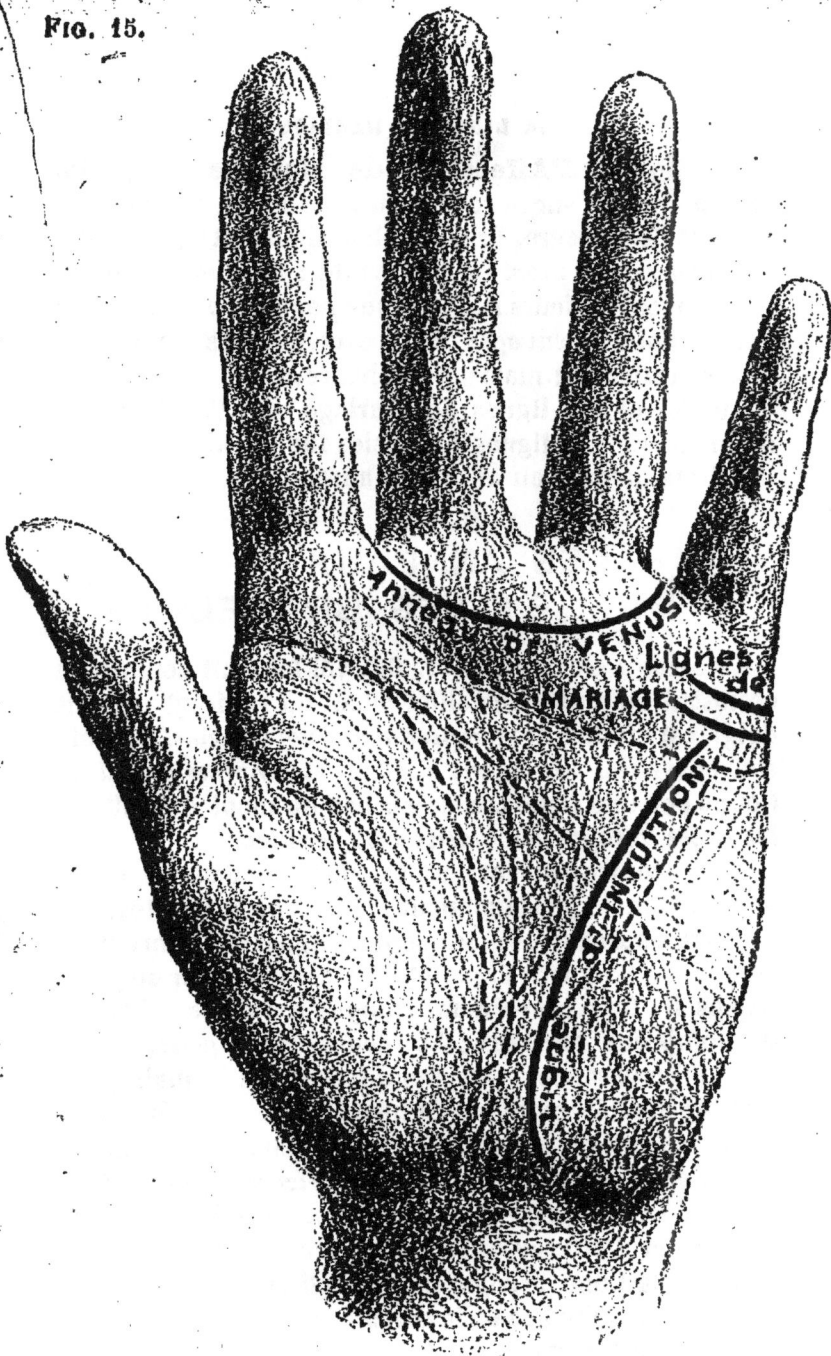

Fig. 15.

Les lignes de mariage. — Ligne d'intuition.
L'anneau de Vénus.

LA LIGNE DE MARIAGE

Les lignes d'Affection, de Mariage (v. fig. 15) sont marquées sur la racine du petit doigt, presque sur le Mont de Mercure. Brisées, elles signifient : *fiançailles rompues par la mort* ; avec une île : *mariage malheureux* ; avec plusieurs îles : *amour pour un parent* ; avec points noirs : *veuvage* ; brisées et coupées de petites lignes verticales : mariage malheureux.

Au-dessus des lignes du mariage, sur l'arête de la main, de petites lignes parallèles indiquent le nombre d'enfants qu'on a eu ou qu'on aura.

III. — LES ANNEAUX ET LES BRACELETS

L'anneau de Vénus (v. fig. 15) formant comme un croissant ou plutôt un collier allant du 1er doigt au petit doigt, est l'indice des *tempéraments voluptueux*. Il révèle souvent aussi un *esprit raffiné et impressionnable*. Coupé par une ligne creuse au bas du mont d'Apollon : *les excès voluptueux amèneront la ruine*.

On rencontre souvent l'anneau de Vénus dans les mains des personnes qui s'adonnent aux sciences occultes.

Les bracelets (v. fig. 16), sont les lignes qui s'enroulent autour du poignet. Très nets, ils sont de bon augure ; triples ils font prévoir une *longue existence* ; s'ils ont de nombreux rameaux : *honneurs, récompenses* ; s'ils donnent naissance à une ligne traversant la main pour monter vers le mont de Saturne ou celui de Jupiter : *haute situation ecclésiastique* ; si cette ligne vient se terminer dans le mont d'Apollon : *richesses*, et si deux lignes suivent cette même direction, *les richesses seront fatales au bonheur*. Avec une ligne montant vers le mont de la Lune : *voyages*. Irréguliers et cassés, les bracelets sont l'indice de la *malchance* et de la *pauvreté*.

Chaque bracelet ou rascett correspond à 30 ans de vie.

Fig. 16.

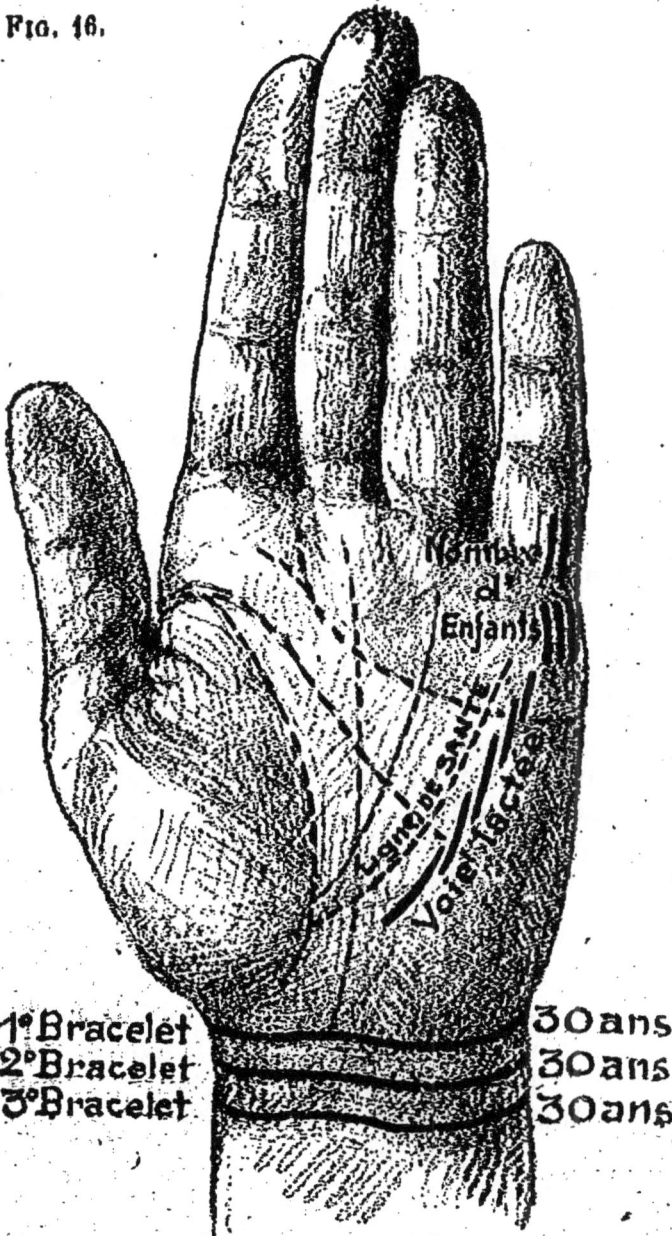

Nombre d' Enfants

Ligne de SANTÉ

Voie lactée

1° Bracelet   30 ans
2° Bracelet   30 ans
3° Bracelet   30 ans

COMBIEN AURAI-JE D'ENFANTS?

Le nombre des enfants est marqué sur la main par de petites lignes parallèles. — Les bracelets indiquent le nombre d'années qu'on a à vivre.

IV. — CROIX, ÉTOILES, CARRÉS ET GRILLES

En plus des lignes et des monts où se déchiffrent tant d'horoscopes sur nos destinées et tant de détails sur nos tempéraments, les mains possèdent encore d'innombrables et minuscules lignes qui, suivant qu'elles se rencontrent ou se groupent, forment des croix, des étoiles, des carrés et des grilles (v. fig. 17).

SIGNIFICATION DES CROIX

On nomme **Croix Mystique** celle qui se trouve au centre de la main entre les lignes de Cœur et de Tête, et **Croix de Mariage** celle qui se trouve au centre du mont de Jupiter. Les mains qui ne la possèdent pas feront bien de s'abstenir des joies conjugales qui ne leur réussiraient guère.

Une croix au centre du mont de Vénus signifie : *amour unique*; celle qui se trouve quelquefois sur la seconde phalange du doigt de Jupiter fait prévoir des *protections influentes*. Une croix au centre de la ligne de Tête fait craindre les *fièvres cérébrales* et, en général, toutes les *maladies du cerveau*; celles qui viennent se placer sur les lignes de Vie et de Santé, des *accidents* ou *maladies dangereuses* venues ou à venir. Une croix sur le mont de Mercure, près de la ligne du Soleil, révèle une *tendance aux études scientifiques*, en même temps qu'une certaine *aptitude aux sciences occultes*; si cette croix se rapproche de la ligne de Cœur, elle fait craindre des *ennuis d'argent*.

Une croix sur le mont d'Apollon : *insuccès dans les arts*; entre les monts de Mars et de la Lune : *changement de situation*; sur la troisième phalange du doigt d'Apollon : *chasteté*; sur la ligne de Chance : *embarras*

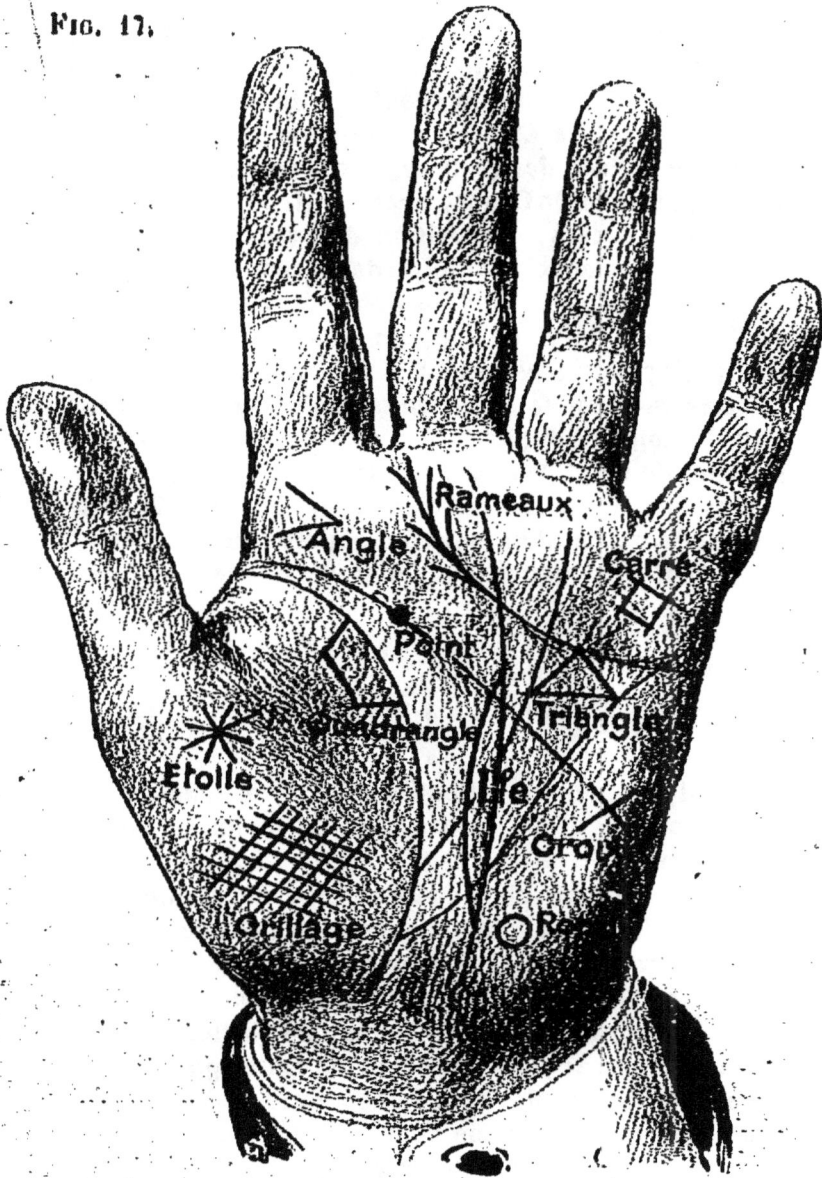

FIG. 17.

Les étoiles, les croix, les carrés et les grilles.

d'argent ; au bas de la ligne de Vie, près du bracelet : *changement complet de situation* ; au milieu du triangle : *malheurs* ; sur le mont de Saturne : *fatalité* ; sur le mont de la Lune : *duperie* ; dans le quadrangle : *influence néfaste des femmes* ; dans le quadrangle, mais près de la ligne de Chance : *respect de la religion* ; sur le mont de Mars : *disposition à l'assassinat* ; sur la première phalange du doigt de Mercure : *vol* ; sur le mont de Jupiter : *mariage heureux* ; sur la première phalange du doigt de Jupiter : *matérialisme* ; sur le mont d'Apollon : *revers* ; sur chacun des bracelets : *fortune inattendue* ; dans la plaine de Mars, à la hauteur du doigt de Jupiter : *incrédulité* ; sur la troisième jointure du doigt de Jupiter : *succès littéraires.*

Plusieurs croix distinctes dans le quadrangle : *influence heureuse d'un ami* ; nombreuses croix au commencement des lignes de Vie et de Chance : *enfance malheureuse.*

SIGNIFICATION DES ÉTOILES

Quand on examine attentivement une main, il est rare qu'on n'y découvre pas des étoiles plus ou moins bien formées.

Sur la première phalange du doigt de Jupiter, les étoiles ou les croix sont synonymes de : *éloquence* ; sur la première phalange du pouce : *galanterie* ; sur la troisième jointure du doigt de Saturne : *gloire politique ou militaire* ; sur le mont de Jupiter : *fortune par un mariage heureux* ; sur le mont de Mars : *gloire militaire* ; sur le mont de la Lune : *accident sur l'eau, noyade* ; sur le mont de Vénus : *amour malheureux* ; dans le quadrangle : *honneurs exceptionnels* ; sur le mont de Saturne : *accidents, blessures* ; sur la première phalange du doigt de Saturne : *danger de mort violente.*

Sur le pouce, près de l'ongle : *débauche* ; sur le

mont de Mercure: *faillite, faute entachant l'honneur;* sur la première phalange du doigt de Mercure: *élo- quence;* sur la ligne de Santé : *absence de famille;* sur la troisième articulation du doigt de Jupiter : *honneurs politiques;* au sommet du mont de la Lune : *imagina- tion macabre* et aussi *hydropisie;* sur la première phalange du doigt de Saturne, *tendance à la magie, aux sciences occultes;* à l'extrémité de la ligne de Vie: *paralysie;* à l'extrémité de la ligne de Chance: *mort prochaine;* sur le mont de Vénus: *chagrin d'amour;* au bas du mont de Vénus : *malheur par l'amour;* sur la première phalange du pouce : *même signification;* sur le mont de Mars: *mort sur un champ de bataille;* sur le mont de Saturne: *orgueil fatal* et encore *paralysie;* dans le quadrangle : *esclavage amoureux;* sur le mont de Mercure : *vol.*

Deux étoiles sur la première phalange du doigt de Mercure signifient : *mort infamante.*

SIGNIFICATIONS DES CARRÉS

Les carrés sont tout simplement de petits cubes qui se montrent plus ou moins apparents dans l'intérieur de la main. On ne les découvre parfois qu'à l'aide d'une loupe.

Sur le mont de Mars, ils signifient : *courage;* au bas du mont de Vénus: *vie triste, absence d'amour,* quelque- fois aussi : *menaces d'emprisonnement;* sur le mont de Jupiter : *éloquence* et *aptitude aux hautes sciences;* sur le mont de Saturne : *fanatisme;* sur le mont de Mars : *emprisonnement, disposition au meurtre;* sur le mont d'Apollon : *frivolité;* sur le mont de Vénus, et si celui-ci est plat : *mauvaise nature,* mais aussi : *chasteté;* au sommet du mont de la Lune : *mélancolie, poésie, timidité;* sur le mont de Jupiter, lorsqu'il est proéminent : *orgueil, tyrannie.*

LES GRILLES ET LEUR SIGNIFICATION

On appelle « *grilles* » les petites lignes qui forment comme une espèce de grillage sur la peau de la main.

Sur le mont de Saturne, elles signifient : *existence malheureuse, caractère vaniteux*; sur le mont de Mercure : *déception*; sur le mont de la Lune : *ennuis*; sur le mont d'Apollon : *vanité*; dans la plaine de Mars : *mauvais caractère*.

Les grilles révèlent toujours des *obstacles*, de *l'agitation*.

V. — LES ANGLES ET LES TRIANGLES

La main compte trois grands *angles* (v. fig. 18) :

1° Celui formé par la naissance au même point des lignes de Vie et de Tête;

2° Celui formé par la rencontre de la ligne de Santé avec la ligne de Chance;

3° Celui formé par la rencontre de la ligne de Santé avec la ligne de Tête.

On nomme *triangle* (v. fig. 19) l'espace enserré par les lignes de Vie, de Tête et de Santé; *quadrangle*, la partie de la main comprise entre les lignes de Cœur et de Tête.

Large, le **1er angle** est un signe *d'intelligence robuste*; bien net mais étroit, de *sensibilité*.

Le **2me angle** bien net indique la *bonne santé*; aigu, un *tempérament maladif et avare*.

Large, le **3me angle** veut dire : *longévité*; obtus, *infidélité*; mal formé : *névralgie*; à peine indiqué : *susceptibilité*.

Le **triangle A** bien net révèle une *grande intelligence*; très large, la *noblesse*; étroit, la *faiblesse d'esprit*; placé très bas dans la main, le *sommeil*, la *léthargie*.

FIG. 18.

LES ANGLES (A., B., C.)

Le quadrangle B (v. fig. 19) grand large et régulier est un signe de *pondération* et de *netteté de jugement*; large vers la paume, il indique *l'esprit sectaire*; étroit, la *déloyauté*, la *duplicité*; strié de lignes, la *faiblesse du jugement*.

Certaines petites lignes en se joignant forment de petits **triangles** qui jouent souvent un très grand rôle dans le caractère général de la main.

Nous citerons les suivants :

Au sommet du mont d'Apollon : *éducation artistique*; sur la première phalange du doigt de Saturne: *débauche*; sur le mont de Mercure : *diplomatie, vocation politique*; à l'extrémité de la ligne de Tête : *éloquence*; sur le mont de Mars : *gloire militaire*; sur le mont de la Lune : *intuition, bon sens*; sur le mont de Saturne : *magie*; dans la plaine de Mars, entre les lignes de Chance et de Vie : *gloire militaire*; sur la ligne de Tête, à la hauteur du mont de Saturne : *succès dans les sciences*; sur le mont de Vénus: *prudence en amour*; sur un des bracelets : *longévité*; à l'extrémité de la ligne de Vie : *bavardage*.

VI. — AUTRES SIGNES

On observe encore sur les mains des *ronds* (O), des *triangles* (△), des *rameaux*, des *chaînes* et des *points*.

Les *ronds*, les *croix*, les *rameaux*, se dirigeant vers le haut de la main sont un signe de réussite et de bonheur; la *chaîne* indique l'obstacle, la lutte.

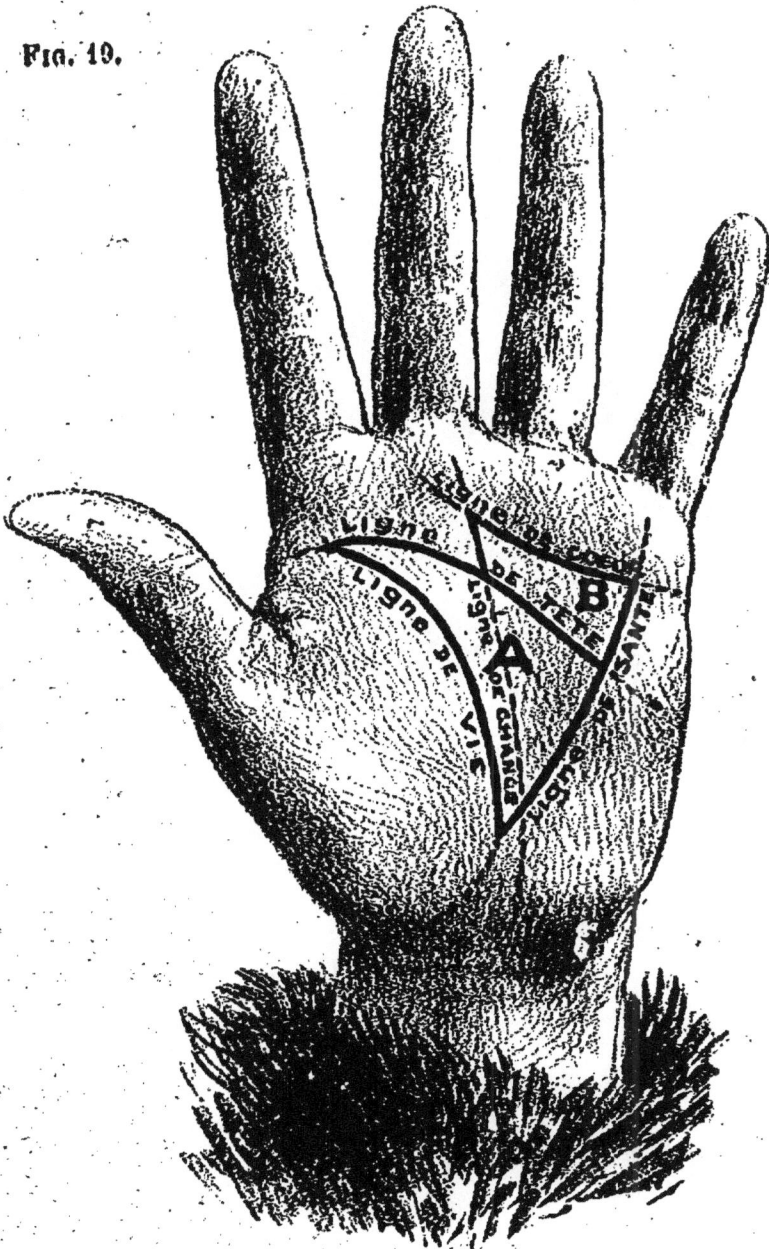

FIG. 19.

LE TRIANGLE A ET LE QUADRANGLE B.

CINQUIÈME PARTIE

Quelle main avez-vous ?

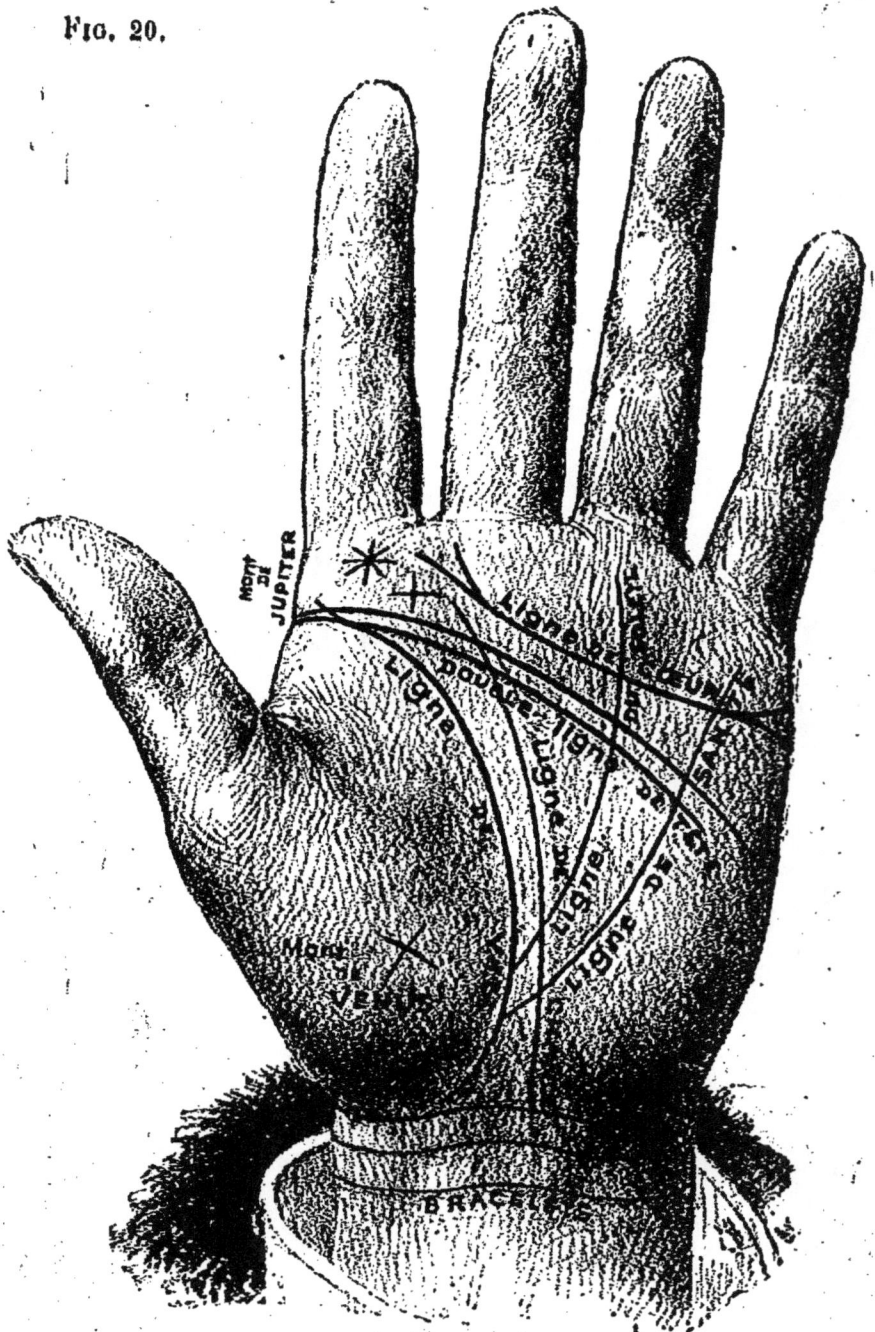

FIG. 20.

LA MAIN DE L'HOMME HEUREUX (Main idéale).

CINQUIÈME PARTIE

La main de l'homme heureux. — La main de l'homme malheureux. — La main du poète, de l'homme d'affaires, de l'ambitieux, de l'avare et de l'assassin. — Aurez-vous de la chance dans la vie ? — La main qui divorcera. — Les maladies de cœur.

QUELLE MAIN AVEZ-VOUS ?

I. — LA MAIN DE L'HOMME HEUREUX

Dans cette main harmonieuse (v. fig. 20), la l'gne de Vie, longue et très nette, fait prévoir une excellente santé jusque dans l'extrême vieillesse ; de plus, sa naissance au bas du mont de Jupiter révèle la plus brillante destinée.

La ligne de Tête a une ligne parallèle : c'est la richesse. Toutes deux coupent la main très franchement : c'est l'esprit d'ordre, l'intelligence des affaires.

La ligne de Cœur est admirablement nette et révèle un tempérament affectueux, bienveillant, indulgent pour autrui. Chacune de ses extrémités se divise en deux rameaux : cœur solide, au point de vue de la santé et au point de vue de l'amour.

La ligne de Chance part du poignet et se dirige, très nette, sur le mont de Jupiter : cette vie heureuse connaîtra la gloire.

La ligne du Soleil, également bien tracée, indique le succès. Elle se termine au mont d'Apollon : ce sont les honneurs.

La ligne de Santé, bien tracée, vient corroborer les prédictions de la ligne de Vie.

Les trois bracelets bien dessinés font prévoir, eux aussi, une heureuse vieillesse.

La croix sur le mont de Jupiter annonce un mariage heureux ; celle sur le mont de Vénus, que ce mariage sera l'amour unique de la vie et l'étoile qui accompagne la croix sur Jupiter, que la fortune viendra encore embellir cette union,

II. — LA MAIN DE L'HOMME MALHEUREUX

Dans cette main carrée et banale (v. fig. 21), nous trouvons tous les signes de la fatalité. La ligne de Vie s'arrête brusquement au tiers de son parcours normal : c'est la mort entre trente et trente-cinq ans. La croix qui marque cette ligne brisée indique que, malgré le peu de durée de son existence, cet homme aura encore à supporter un grand chagrin.

La ligne de Tête s'arrêtant sous Saturne vient encore accentuer les prédictions de la ligne de Vie. La ligne de Cœur également courte confirme la mort prochaine. De plus, cette ligne est en chaîne, ce qui indique que le sujet est atteint de maladie de cœur et souffre de palpitations. En dehors de ces souffrances physiques, ses amours ne sont pas heureuses, car nous voyons beaucoup de petites lignes qui viennent couper la ligne de Cœur.

La ligne de Chance est traversée, sur le mont de Saturne, par de nombreuses lignes : ce sont les déceptions, les déboires.

Pas de ligne du Soleil. La ligne de Santé est coupée en plusieurs endroits ; les bracelets mal formés indiquent la pauvreté ; les points sur les lignes de Vie et de Tête font prévoir des maladies graves.

Le mont de la Lune est strié de lignes horizontales, indices d'un tempérament inquiet et malheureux.

Fig. 21.

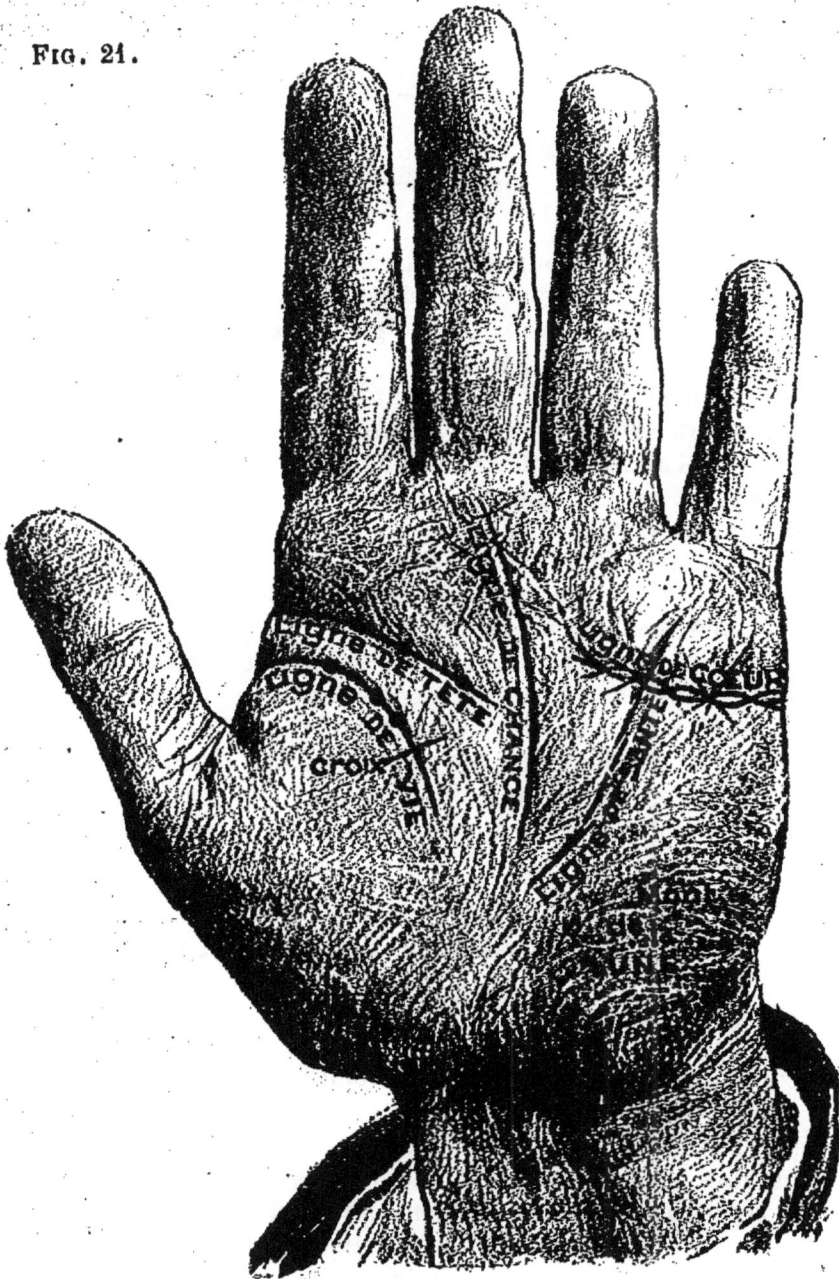

MAIN DE L'HOMME MALHEUREUX :
Toutes les lignes sont mal formées, mauvaises.

III. — LA MAIN DU POÈTE

L'extraordinaire longueur du doigt d'Apollon nous révèle que les arts dominent cette main. Les doigts sont longs et fuselés, ce sont des doigts d'intellectuel, d'artiste, de poète (v. fig. 22).

Le mont d'Apollon domine cette main et la ligne de Chance qui vient presque y aboutir indique jusqu'à quel point tous les efforts tendent vers l'idéale beauté.

Le mont de la Lune est proéminent, ce qui est un signe d'imagination poétique.

La ligne de Cœur, très nette, possède des rameaux qui vont gagner le mont de Jupiter : ce poète sera également heureux en amour.

Pas de ligne de Santé, mais un anneau de Vénus qui, bien net, révèle un tempérament voluptueux et surtout un esprit amoureux et impressionnable.

La croix Mystique est bien indiquée, une autre croix sur la trois.ème jointure du doigt de Jupiter annonce les succès de ce poète auprès du public.

IV. — LA MAIN DE L'HOMME D'AFFAIRES

Main aux doigts carrés à l'extrémité, c'est-à-dire des doigts aimant l'ordre, ayant le souci de la netteté (v. fig. 23). Le mont de Mercure très développé dépasse tous les monts : amour de l'argent.

Toutes les lignes se dirigent vers Mercure. La ligne de Chance y aboutit ainsi qu'une ligne partant du poignet et plusieurs rameaux de la ligne de Tête.

Mais les affaires ne seront pas toujours heureuses : une mauvaise étoile sur Mercure prédit que le propriétaire de cette main fera faillite.

FIG. 22.

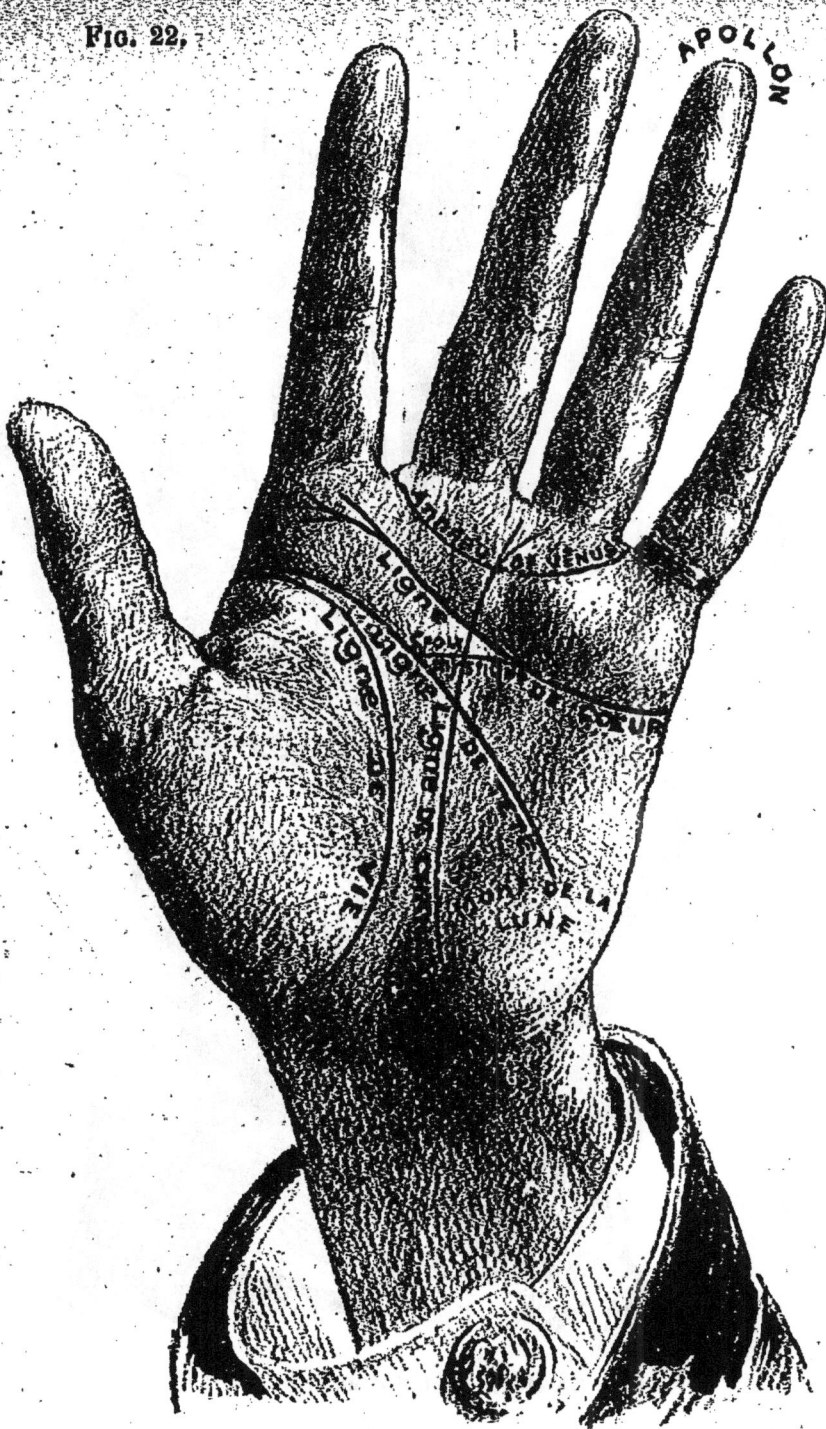

LA MAIN DU POÈTE.

Doigts fuselés. Celui d'Apollon est très long. Les Monts de la Lune et d'Apollon sont proéminents.

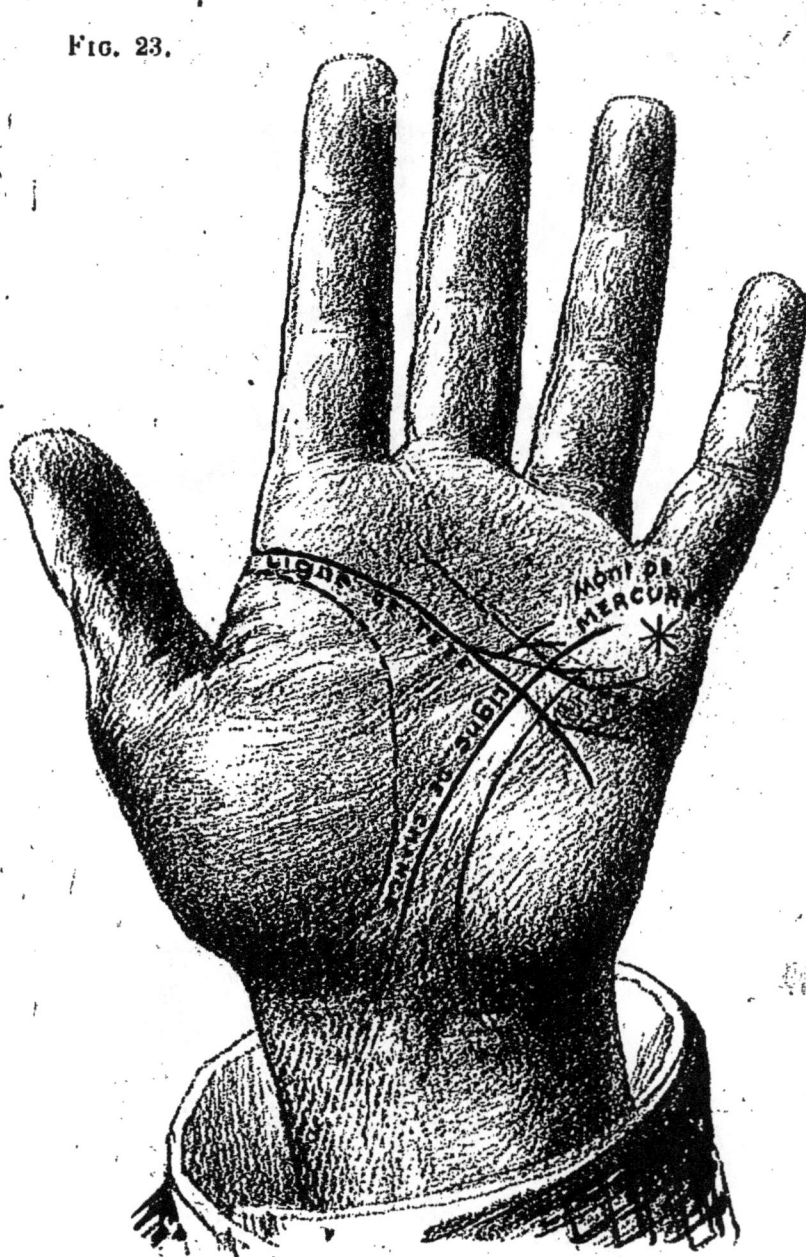

FIG. 23.

LIGNE...
LIGNE DE...
MONT DE
MERCURE

LA MAIN DE L'HOMME D'AFFAIRES.

Doigts carrés. Toutes les lignes se dirigent vers le mont de Mercure très développé.

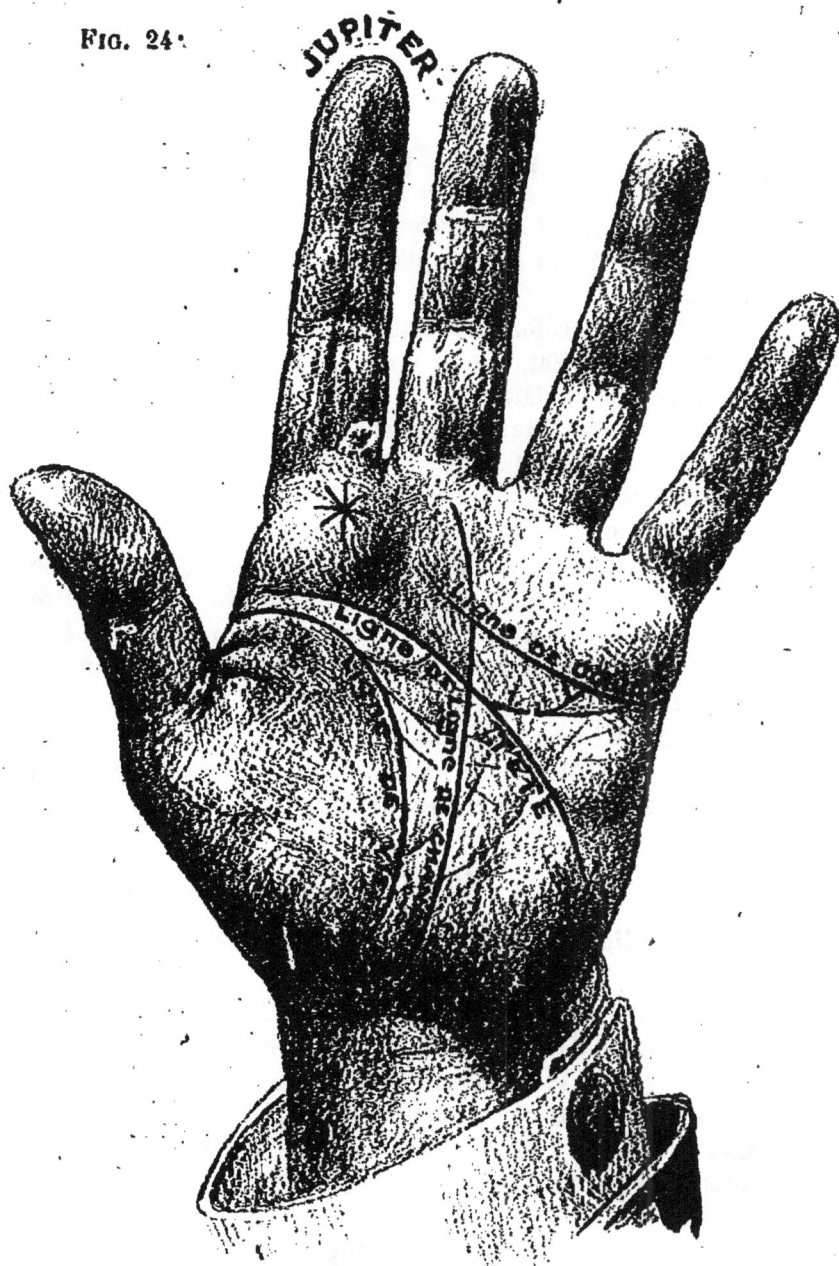

FIG. 24.

JUPITER

MAIN DE L'AMBITIEUX.

Doigt de Jupiter très long. Ligne de chance très accusée. La ligne de tête prend naissance au-dessus de la ligne de vie.

V. — LA MAIN DE L'AMBITIEUX

Le doigt de Jupiter presque aussi long que celui de Saturne, est un signe d'extraordinaire ambition (v. fig. 24).

Une ligne profonde coupe en longueur le doigt de Jupiter : l'ambition, la soif des honneurs, seront les seuls buts de cette existence.

La ligne de Chance est très accusée, ce qui indique le succès.

Cet ambitieux fera un mariage riche : c'est ce que nous révèle l'étoile marquée sur le mont de Jupiter.

La ligne de Tête prend naissance au-dessus de la ligne de Vie : le sujet a confiance en son étoile ; de plus cette ligne possède à son extrémité un rameau qui rejoint la ligne de Cœur : cet ambitieux ne sera jamais dominé par l'amour.

Enfin, la ligne de Vie a des rameaux s'élançant vers la ligne de Tête, ce qui veut dire que tant d'ambitions aboutiront aux plus grands honneurs.

VI. — LA MAIN DE L'AVARE

Pas de ligne de Cœur, mais un mont de Mercure très développé. Les doigts sont courbés vers la paume et le pouce forme avec la main un angle aigu.

Le doigt d'Apollon est recourbé à son extrémité.

La ligne de tête traverse entièrement la main et possède un rameau gagnant le mont de la Lune : l'avare a une volonté de fer et pour lui tous les moyens d'acquérir de l'argent sont bons (v. fig. 25).

VII. — LA MAIN DE L'ASSASSIN

Doigts courts, tordus et un pouce en bille affreusement révélateur. Peu de lignes et l'aplatissement complet de tous les monts (v. fig. 26).

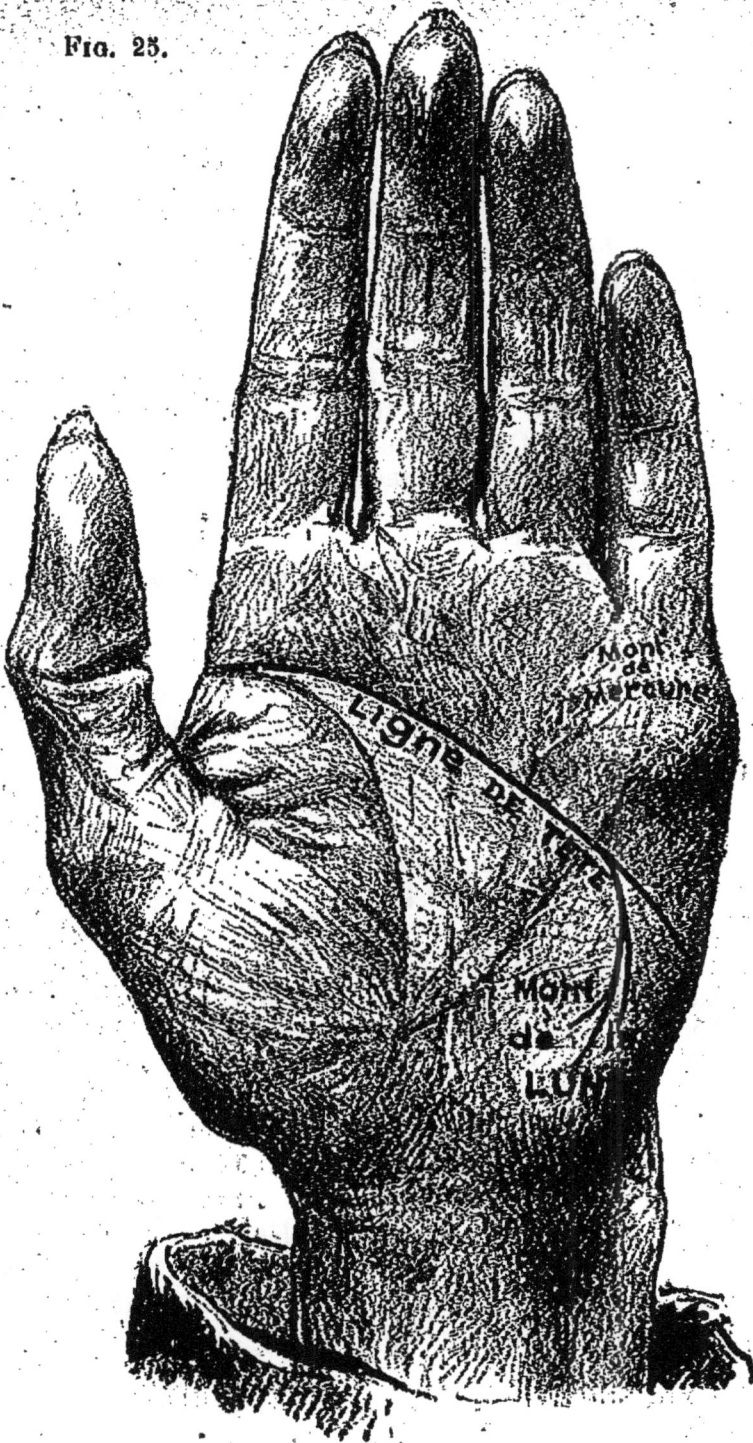

Fig. 25.

LA MAIN DE L'AVARE.

Doigts crochus. Pas de ligne de cœur. Mont de Mercure
proéminent. La ligne de tête traverse entièrement la
main.

La ligne de Vie est courte : échafaud ou bagne.

La ligne de Tête est également courte et se termine en fourche, ce qui indique la duplicité et le crime. La croix marquée dans la plaine de Mars annonce que le crime aura son châtiment.

La ligne de Cœur très courte révèle la cruauté.

Le mont de Mercure très proéminent se surmonte d'une étoile et la première phalange de ce doigt possède une étoile : cet assassin est un vulgaire voleur.

VIII. — AUREZ-VOUS DE LA CHANCE DANS LA VIE ?

Voici maintenant, d'après Mme Fraya et son étude publiée dans la si intéressante revue populaire . Mon Dimanche (*), la main de l'homme ou de la femme à qui tout réussit dans la vie (v. fig. 27).

Voyez la forme élégante de cette main, ses lignes harmonieuses, comparez-la bien vite aux vôtres, si vous voulez être édifiés sur le degré de chance que la vie vous réserve.

Cette main évoque l'image du bonheur le plus parfait et le plus idéal : elle est la synthèse du bien et du beau, de l'existence irréellement douce, à l'abri de revers et de chagrins.

En effet, si nous considérons d'abord les facultés intellectuelles et morales qui sont la base de tout bonheur, leur équilibre remarquable apparaît dans la largeur énergique de la paume et dans la proportion exacte des doigts légèrement effilés.

La ligne de Tête commencée et terminée par des rameaux nous renseigne sur la puissance géniale du cerveau et sur sa culture.

(*) Abonnement : 6 fr. par an pour la France ; administration h, rue de La Vrillière, Paris (1er).

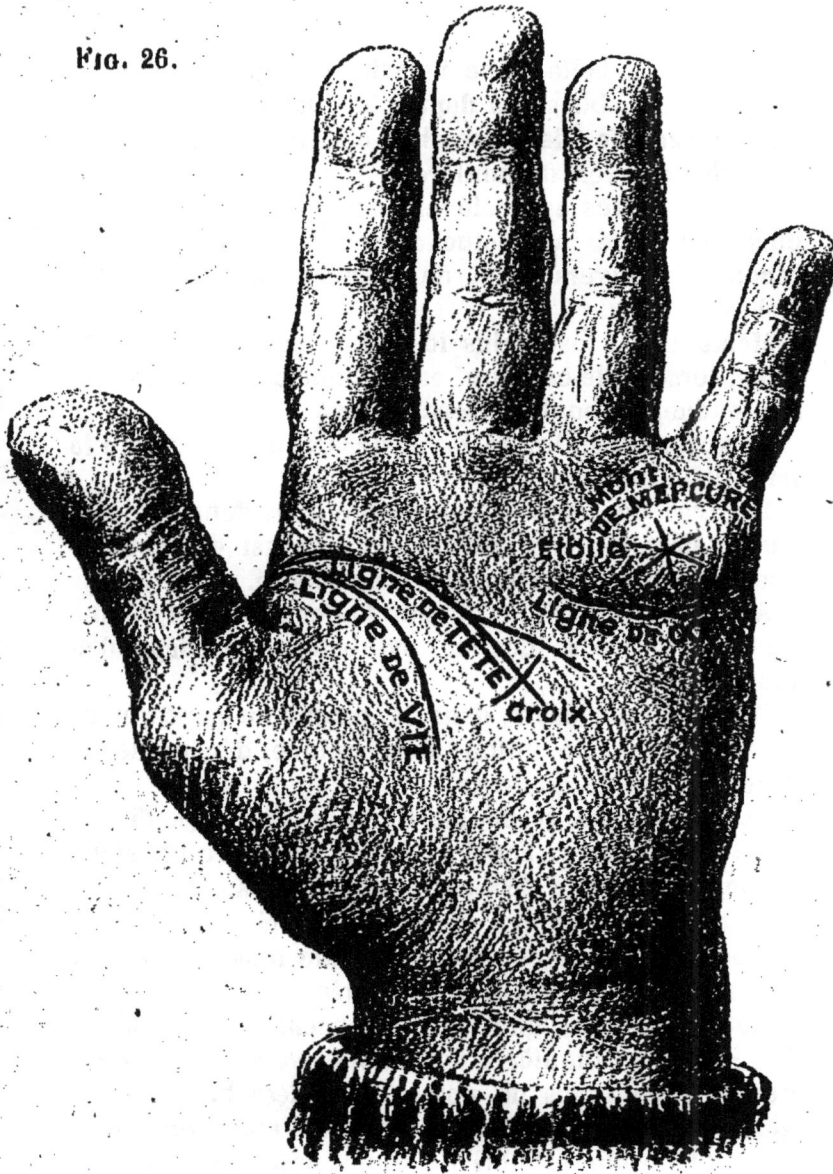

FIG. 26.

LA MAIN DE L'ASSASSIN.

Pouce en bille. Ligne de chance recourbée vers le Mont de Mercure. Ligne de tête en fourche. Ligne de vie courte.

De plus, la belle ligne Solarienne (ligne du Soleil),
trace un véritable sillon depuis le quatrième doigt jusqu'à la ligne de Vie et semble éclairer toute la ma'n
d'un chaud rayon de lumière.

Le Soleil, très apprécié en occultisme, donne une
puissante force intellectuelle, une belle réussite, une
renommée universelle et de grandes richesses maté-
rielles.

Même dans les mains les plus déshéritées, cette
ligne, lorsqu'elle est pure, est annonciatrice de chance
inattendue, de bonheur réparateur.

Et voyez l'admirable ligne de Cœur qui enserre le
haut de la main.

Dégagée de toute coupure, elle nous donne la me-
sure d'élévation des sentiments et aussi du bonheur
affectif qu'elle apporte à son propriétaire.

A côté de cette ligne et sous le deuxième doigt, une
croix renversée se dessine, symbole de mariage, d'a-
mour heureux.

Une nouvelle croix, dans la paume du pouce, nous
avertit que cette union sera unique, dépourvue de
déceptions et de douleurs.

La magnifique et double ligne de Vie est suffisam-
ment évocatrice de santé et de bel équilibre physiolo-
gique, pour que j'aie besoin d'insister sur sa beauté.
Par son tracé prolongé et sa dualité, elle indique un
tempérament sain et vigoureux, une longue existence
exempte de maladies et d'infirmités.

Enfin, les deux lignes qui s'élancent de la ligne de
Vie jusqu'au cinquième doigt sont avertisseuses, ainsi
que les trois lignes du poignet (appelées bracelet ma-
gique) d'une constitution parfaite ainsi que d'un
bonheur absolu, à l'abri de toute déception, de toute
souffrance. Lecteurs et lectrices, je vous souhaite
cette main-là !

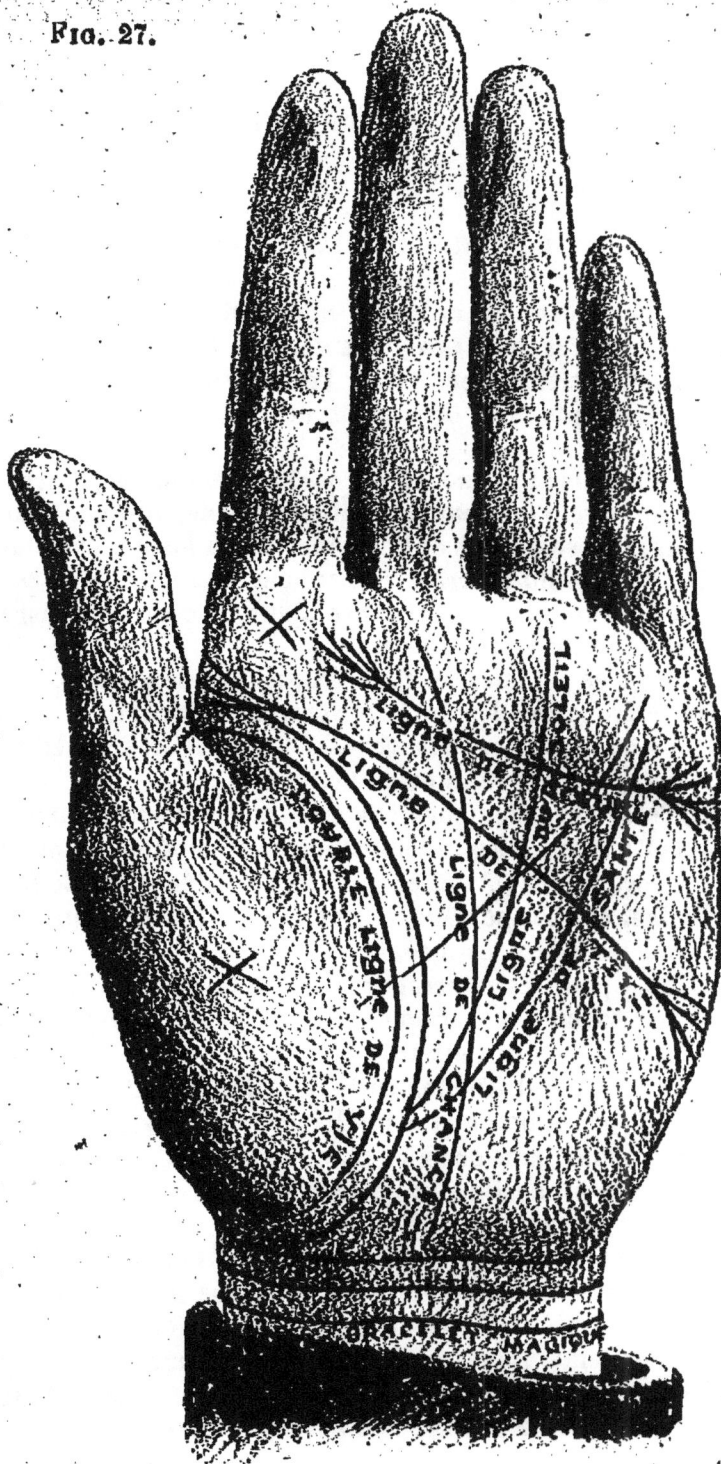

Fig. 27.

LA MAIN DE L'HOMME A QUI TOUT RÉUSSIT.

IX. — LA MAIN QUI DIVORCERA

La connaissance de cette main intéresse aussi bien nos lectrices que nos lecteurs. Mme Fraya, l'éminente chiromancienne, en a fait l'étude suivante qui a été publiée dans *Mon Dimanche*, dont elle est la collaboratrice :

« Je vous ai donné, il y a quelques semaines, le tracé imaginaire d'une main parfaitement belle, qui, par l'harmonie de ses lignes et l'élégance de sa forme, évoquait le type absolu et irréel du bonheur humain.

Je dis irréel, car l'existence d'une telle main dépasse, hélas ! toute vraisemblance.

Je n'en ai pas encore étudié une semblable, et il m'arrive journellement, à ma grande mélancolie, d'avoir sous les yeux des présages fâcheux de tristesses et d'inquiétude, de drames et de douleurs.

Tares physiologiques, tristesses morales, passionnelles ou affectives, elles reflètent toutes les émotions et toutes les tortures de la vie, ces paumes mystérieuses de nos mains, et elles possèdent, ainsi qu'un livre vivant, le secret de notre destinée.

Mais pour les interroger avec intelligence et succès, il faut savoir les examiner et procéder à cet examen sans diffusion et sans trop de hâte.

Or, c'est afin d'éviter cette diffusion que je veux vous initier peu à peu à la connaissance de divers signes ; nous allons nous occuper uniquement aujourd'hui de ceux qui pronostiquent un mariage malheureux destiné à être rompu par un divorce.

La main qui est reproduite ici (v. fig. 28) est fort simple et fort nette. A dessein, les seules lignes élémentaires ont été indiquées à l'exclusion des autres.

Vous remarquerez seulement qu'une ligne transversale barre violemment toute la paume, et que cette ligne est commencée et terminée par une étoile.

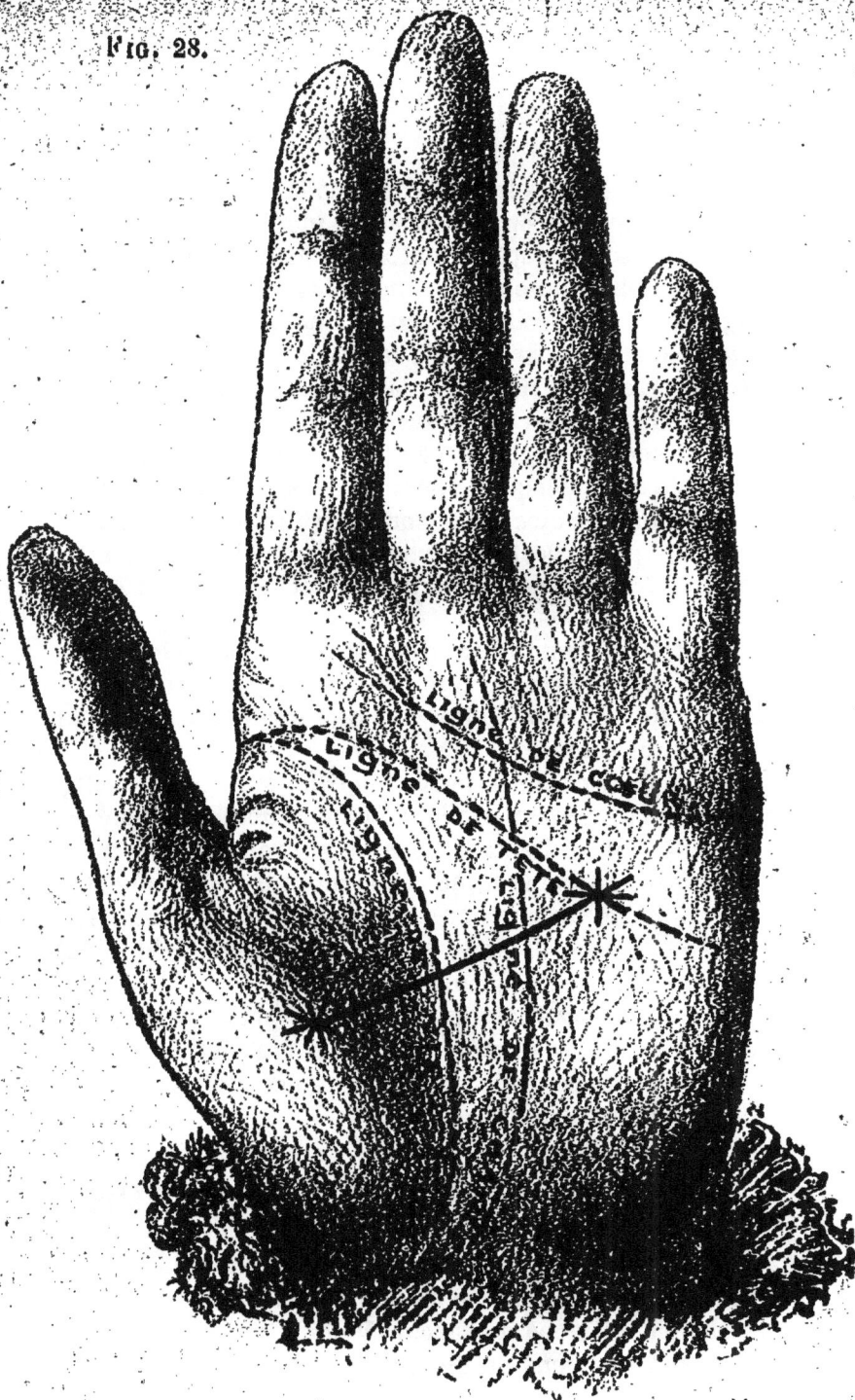

Fig. 28.

LA MAIN QUI DIVORCERA.

Une petite étoile sur la racine du pouce, reliée par une ligne d'une autre étoile sur la ligne de tête, indique le mariage, puis la rupture.

Je crois vous avoir parlé déjà de la racine charnue du pouce appelée en chiromancie mont de Vénus : sur ce mont sont tracées toutes les peines familiales ou amoureuses, et une étoile, bien plus qu'une croix, présage à cet endroit une vive douleur. Or, toutes les lignes d'union partent de la racine du pouce pour aboutir vers le haut de la main : si ces lignes sont nettes, dépourvues de cassures, l'union sera heureuse ; si elles sont heurtées, brisées, elle sera peuplée de contrariétés et de péripéties désagréables, mais non graves.

Les étoiles seules annoncent une rupture irrémédiable et fatale que la destinée aveugle a décidée et contre laquelle les forces volontaires n'ont aucune réaction possible.

Toutefois, remarquez que la deuxième étoile est gravée sur la ligne de tête... N'est-ce pas là une indication suffisante de l'intervention du cerveau et d'une volonté dirigeante ?

La fatalité, certes, a posé sa griffe sur cette main, puisque la première étoile est dans le domaine des événements contre lesquels nous ne pouvons lutter ; mais celle qui termine la ligne témoigne trop de l'influence énergique de la personnalité pour que la libération (amenée par un divorce) ne soit par considérée ainsi qu'un effort mental bienfaisant.

Lecteurs, regardez avec soin la petite ligne, qui dans vos mains et dans celles de vos fiancées, vous parle d'un mariage, et défiez-vous des étoiles qui, par malheur, la peuvent briser ! »

X. — LES MALADIES DE CŒUR

Mme Fraya s'est tout particulièrement appliquée à chercher à découvrir dans nos mains les germes des maladies qui nous menacent. Voici comment elle parle de ses études dans un de ses articles publiés par *Mon Dimanche.*

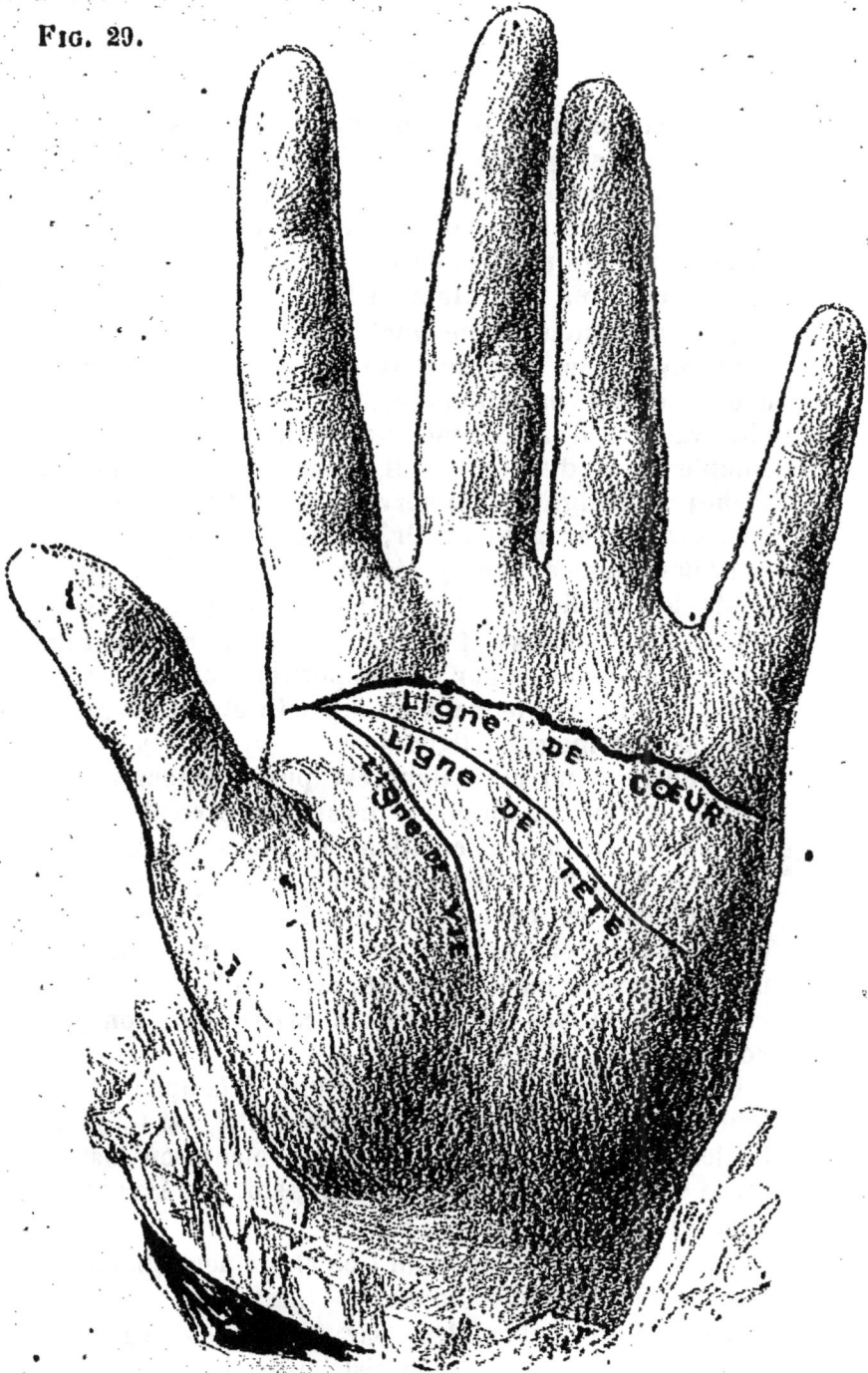

FIG. 29.

Ligne de Cœur

Ligne de Tête

Ligne de Vie

MALADIE DE CŒUR RÉVÉLÉE PAR LA LIGNE DE CŒUR.

« Je veux essayer de reprendre mes petits cours de chiromancie simplifiée par l'étude des maladies dont les s gnes sont clairement indiqués dans les mains. En effet, quelles ressources énormes pourraient tirer les docteurs de l'examen des paumes de leurs malades, si nettement évocatrices d'un tempérament !

Le seul contact d'une main n'est-il pas, d'ailleurs, aussi révélateur d'un malaise fébrile que l'intensité anormale des pulsations artérielles ? Et les moins observateurs d'entre nous ne se sont-ils pas rendu compte de la différence qui existe entre les mains sèches et amaigries d'un nerveux et les lourdes mains épaisses d'un sanguin ?... Or, si nous étudions l'intérieur des paumes, nous y découvrirons des signes probants de maladies organiques ou accidentelles.

Les perturbations qui troublent le fonctionnement du cœur sont signalées par les proportions anormales de la ligne qui barre le haut de la main et qui est nommée en chiromancie : ligne de cœur (v. fig. 29).

En effet, quand cette ligne est pure, dépourvue de taches et que sa longueur n'est pas excessive, elle annonce une bonne circulation et, par conséquent, un cœur solide, sain, à l'abri de troubles dangereux. Mais si elle est, au contraire, profonde, creuse, semée de points rouges, elle indique une maladie cardiaque héréditaire, maladie médiocrement grave, toutefois, lorsque la ligne n'est pas brusquement cassée dans son parcours.

Une ligne de cœur étroitement unie à la ligne de tête (qui est immédiatement au-dessous d'elle), est toujours fatalement indicatrice d'une mort violente ou instantanée causée, soit par une blessure, soit par la rupture subite d'un anévrisme.

Voici le dessin d'une main très clairement annonciatrice d'une maladie de cœur.

Les doigts sont effilés, par conséquent capables d'opposer au mal une faible résistance ; la ligne de vie est de longueur moyenne, et descend avec peine jusqu'au milieu de la main.

Enfin, la ligne de cœur, la ligne de tête et la ligne de vie s'élancent du même point et n'ont qu'une même racine ; la ligne de cœur trace un sillon maladif jusqu'au revers de la main et la ligne de destinée est absente, afin de mieux prouver que la chance est annulée par la perturbation organique.

Lecteurs, si les êtres qui vous sont chers ont une main conformée de la sorte, n'hésitez pas à les entourer d'une hygiène rigoureusement attentive et à soigner leur cœur menacé de troubles physiologiques ».

PETIT VOCABULAIRE

DE

CHIROMANCIE

TOUS LES MYSTÈRES
DE LA MAIN

sont dévoilés dans ce petit vocabulaire de Chiromancie

Pour faciliter à tout lecteur la recherche des défauts et des qualités, des vices et des vertus que révèlent chaque main, nous résumons ici, sous forme
alphabétique, les signes caractéristiques révélateurs de
l'être intime, des sentiments intérieurs. La réunion de
tous ces signes, indices et marques n'est pas nécessaire
pour déterminer le vice, la qualité ou le caractère. Il
faut savoir juger avec un peu de perspicacité et d'intuition. Un seul signe peut être une véritable révéla-
tion.

A

Affaires (science des). — Sous le cinquième doigt, l'auriculaire, le mont de Mercure est proéminent ; les doigts sont spatulés. Si la ligne de Tête dirige des rameaux vers le mont de Mercure ou si la ligne de Chance monte vers ce mont, les affaires seront heureuses.

Agriculture (dispositions pour l'). — Doigts spatulés ; main ferme ; pouce très grand proportionnellement aux autres doigts. La paume de la main est large et épaisse.

Alcoolisme (tendance à). — Ligne de Tête séparée de la ligne de Vie à sa naissance. Ligne de Santé presque rouge. Étoile au bas de la ligne de Tête.

Ambition. — Proéminence du mont de Jupiter (sous le premier doigt) et exagération de la longueur de ce doigt ; mains dures. Ligne de Tête longue et profonde. La ligne de Cœur est sans rameaux à ses extrémités.

Amour (porté vers l'). — Mains molles aux doigts longs et pointus. Doigt d'Apollon dépassant celui de Jupiter ; mont de la Lune et mont de Vénus développés. La ligne de Cœur est en chaine et quelquefois double.

Amour heureux. — Étoile sur le mont de Jupiter. Belle ligne de Cœur s'inclinant vers le mont de la Lune.

Amour malheureux. — Absence de la croix du mariage (sur le mont de Jupiter), mais autre croix sur le mont de Vénus. Ligne de Tête reliée à la ligne de Vie. Points dans la ligne de Cœur. La ligne de Chance s'arrête à la ligne de Cœur. Étoile sur le mont de Vénus.

Amour sensuel. — Doigts courts et gros. Proéminence exagérée du mont de Vénus. Ligne de Cœur pâle et large formée en chaine très marquée.

Argent (amour de l'). — Voir *Avarice*, et la *Main de l'avare* (page 67).

Arts (vocation pour les). — Influence d'Apollon dont le mont est proéminent et le doigt (index) presque aussi long que celui de Saturne (majeur). Doigts pointus et lisses. Parfois un triangle sur le mont d'Apollon. Ligne de Tête descendant vers le mont de la Lune. Ligne du Soleil très nette si la gloire attend cet artiste; hachée et rompue, si ses efforts doivent demeurer sans résultats.

Audace. — Mains dures et striées de lignes; doigts spatulés; l'index long; monts de Mars et de Mercure développés. Ligne de Tête séparée à sa naissance de la ligne de Vie.

Austérité. — Deuxième phalange du pouce (phalange onglée) large et courte; doigt de Jupiter (index) très long; mont de Vénus aplati; ligne de Tête très nette et droite; ligne de Cœur prenant naissance sous Saturne.

Autoritarisme. — Mains larges et fermes; doigts spatulés; deuxième phalange du pouce très longue; l'index également très long; mont de Mars très développé. Ligne de Tête séparée de la ligne de Vie à sa naissance; ligne de Cœur profonde et traversant toute la main; ligne de Santé très colorée.

Avarice. — Mains sèches, osseuses; doigts tors et maigres, surtout à la troisième phalange. Deuxième phalange du pouce longue. Lignes de Vie et de Tête larges et prenant naissance au même endroit. Monts plats, sauf celui de Mercure; mont de Saturne sillonné de lignes. Ligne de Santé très longue et très marquée. Absence de ligne de Cœur ou ligne de Cœur se rappro-

chant de la ligne de Tête ou encore ligne de Cœur brisée entre Apollon et Mercure. Pouce rentré. — Dans
l'avarice effrénée, on remarque une petite ligne partant
de la ligne de Cœur pour rejoindre le mont de Mercure.

Aventureux (tempérament). — Mains très dures aux
doigts spatulés et au pouce long. Index (doigt de Jupiter) long ; majeur (doigt de Saturne) en spatule ; mont
de Mars très développé. Ligne de Tête séparée de la ligne
de Vie dès sa naissance. Ligne de Cœur profonde. Croix
sur le mont de la Lune ou dans la plaine de Mars.

Assassinat (penchant à). — Pouce gros, en bille ;
doigts grossiers. Ligne de Chance montant vers le mont
de Saturne. Mont de Mercure proéminent et surmonté
d'une croix. Point bleuâtre sur la ligne de Tête, à la
hauteur de Saturne.

Avocat (vocation d'). — Doigts longs, pointus ;
pouce et doigt de Mercure (auriculaire) longs. Mont de
Jupiter et de Mercure développés. Ligne de Cœur longue
et nette ; ligne de Chance montant vers Jupiter. Croix
sur le mont de la Lune.

B

Banquier (vocation de). — Doigts spatulés ; ongle courts ; doigt de Jupiter (index) long. Mont de Mercure développé. La ligne de Tête se dirige vers Mercure. Si la ligne de Chance est coupée de petites lignes ou si l'on voit une étoile sur le mont de Mercure, ce banquier fera de mauvaises affaires. Si ses lignes de chance et du soleil sont nettement marquées, il parviendra à la fortune sans compromissions préalables.

Bavardage (Caractère bavard). — Se reconnaît aux doigts pointus. Doigt de Jupiter long et le mont de ce doigt très marqué. Ligne de Tête finissant en fourche. Une croix sur le mont de la Lune.

Bêtise (Caractère bête). — Absence des monts d'Apollon et de la Lune. Ligne de Tête peu nette donnant naissance à de nombreuses petites lignes. Ligne de Cœur brisée sous Apollon ou encore ligne de Cœur descendant vers la ligne de Tête. Ligne de Tête très éloignée de la ligne de Vie.

Bienveillance. — Mont de Jupiter bien formé. Ligne de Cœur très nette et longue. Mont de Vénus assez proéminent. Ligne de Chance partant de la ligne de Vie.

Bilieux (tempérament). — Ligne de Vie très pâle, ou encore île dans la ligne de Vie; ligne de Santé presque jaune.

Bonté. — Surface extérieure des mains ridée. Pouce renversé. Doigt de Jupiter assez long et mont de ce doigt développé. Ligne de Cœur longue et nette. Mont de Vénus développé.

Bravoure. — Mains dures; doigts spatulés et courts; doigt de Jupiter (index) très long; mont de Mars et plaine de Mars très développés. Une croix dans la plaine de Mars. Ligne de Santé se rencontrant avec la ligne de Tête vers le mont de la Lune. Etoile vers le mont de Mars.

Brutalité (Caractère brutal). — Mains larges et dures doigts tordus et gros; deuxième phalange du pouce longue et épaisse. Doigt de Saturne (deuxième doigt) large et spatulé. Ligne de Cœur très colorée et très creuse. Croix sur le mont de Mars. Ligne de Vie très colorée et séparée de la ligne de Tête à sa naissance.

c

Caractère (bon). — Mont de Jupiter (index) large. Triangle sur le mont de la Lune.

Caractère (mauvais). — Mains striées d'incalculables lignes; doigts carrés; mont de Vénus plat. Ligne de Tête séparée de la ligne de Vie à sa naissance, onduleuse et se terminant en fourche, ou encore ligne de Tête prenant naissance sous le mont de Jupiter et se dirigeant vers celui de la Lune.

Quelquefois une ou deux croix sur la jointure du pouce. Grille dans la plaine de Mars.

Célébrité. — Mont d'Apollon très développé. Ligne de Chance montant, très nette, vers Jupiter. Ligne du Soleil bien indiquée et souvent se divisant en trois branches à son extrémité. Ligne de Vie avec rameaux s'élançant vers la ligne de Tête, tels sont les signes de celui ou de celle qui deviendra célèbre.

Chagrins, déboires. — La main de celui qui y est spécialement exposé est sillonnée de plusieurs lignes parallèles prenant naissance sur le mont de Vénus pour monter dans la paume. Si ces lignes s'arrêtent à la ligne de Tête, les chagrins seront causés par des ennuis d'argent ou des changements de situations, des obstacles; si elles s'arrêtent à la ligne de Cœur, c'est dans son amour ou dans ses affections qu'il sera éprouvé.

Chance. — Elle est indiquée par une ligne de Chance très nette et très droite. Étoile sur Jupiter. Triple bracelet bien dessiné. Quelquefois une croix sur les bracelets. Mont d'Apollon proéminent et souvent traversé de deux lignes horizontales ou de trois lignes reliées entre elles et formant une fourche : *la fourche du diable*, vrai talisman qui assure la réussite dans la vie. Étoile dans le quadrangle de la main.

Charité (Cœur charitable). — Mêmes signes qu'à *Bonté* (V. ce mot).

Chasteté. — Doigts minces. Croix dans le quadrangle. Croix sur la troisième phalange du doigt d'Apollon (annulaire). Carré sur le mont de Vénus.

Colère (tempérament colérique). — Mains larges; paume striée de lignes; doigts très spatulés; ongles souvent rongés; doigt de Jupiter (index) très long. Mont de Mars proéminent. Ligne de Tête indépendante de la ligne de Vie à sa naissance; ligne de Cœur très creuse et colorée. Croix ou grille dans la plaine de Mars.

Comédien (vocation de). — Doigts longs, lisses et pointus; celui de Mercure plutôt long. Monts de Jupiter et de Mercure développés. Ligne de Tête se dirigeant vers Mercure; rameau de la ligne de Chance gagnant ce même mont.

Commerce (Aptitudes commerciales). — Mains bombées; doigts carrés, ongles courts. Mont de Mercure très développé. Ligne de Tête très droite avec rameaux se dirigeant vers Mercure. Doigt de Mercure long.

Coquetterie. — Doigts longs et pointus. Ongles en amande. Mont de Vénus très accentué. Carré sur le mont d'Apollon. Ligne de Tête à peine tracée.

Courtoisie. — Mains ridées sur le dessus; doigts carrés. Mont de Vénus bien formé. Ligne de Cœur longue et très nette.

Crime. — Voir *Assassinat*.

Critique (Esprit de critique). — Doigts carrés aux phalanges noueuses. Doigts d'Apollon (annulaire) et de Mercure (auriculaire) longs. Mont de Mars développé.

Cruauté. — Doigts spatulés. Pouce en bille. Doigt de Jupiter (index) très long. Mont de Vénus aplati. Ligne de Cœur creuse et rouge commençant sous Saturne.

Curiosité. — Doigts souples. Mont d'Apollon proéminent et très près de la naissance du doigt du même nom (annulaire).

Cynisme. — Doigt de Saturne (majeur) très large et en spatule. Mont de Jupiter très plat. Ligne de Cœur pâle ou absente. Quadrangle étroit. Lignes de Vie et de Tête très espacées.

D

Débauche. — Mont de la Lune couvert de lignes en grille. Plusieurs lignes entourant le pouce à sa racine. Ligne de Cœur pâle, composée de petits creux en chaînons.

Dents (mauvaises). — Les deuxièmes phalanges de tous les doigts très longues. Ligne de Santé sinueuse.

Déloyauté. — Voir **Fausseté.**

Dépravation. — Voir **Débauche.**

Déshonneur. — Étoile sur le mont de Mercure.

Désordre. — Mains molles. Doigts pointus aux articulations lisses; ongles longs, en forme d'amande. Ligne de Tête commençant au quatrième doigt (Mercure) et finissant sous Saturne (deuxième doigt).

Despotisme. — Doigts très spatulés; phalange onglée du pouce très large; mont de Mars très proéminent et souvent couvert de lignes. Doigt de Jupiter (index) dominant celui d'Apollon Ligne de Tête très rapprochée de la ligne de Cœur.

Devoir (amour du). — Doigts carrés. Première phalange du pouce large et deuxième phalange longue. Doigt de Mercure (dernier doigt) long. Ligne de Tête très droite. Ligne de Cœur partagée en deux rameaux à ses extrémités.

Dévotion. — Voir **mysticisme.**

Diplomatie. — Mains souples; doigts carrés. Ligne de Tête terminée en fourche.

Discernement (esprit de). — Doigts carrés. Deuxième phalange du pouce plus longue que la première. Doigt de Mercure long. Mont d'Apollon nettement indiqué. Ligne de Cœur bien tracée; quadrangle large.

Disputes (chercheur de). — Paume très rayée; doigts spatulés; celui de Jupiter (index) long. Mont de Mars développé. Souvent une croix dans la plaine de Mars.

Divorce. — Voir page 73 **la Main de celui qui divorcera.**

Domination (esprit dominateur). — Doigts très spatulés; pouce et doigt de Jupiter (index) très longs. Mont de Jupiter développé. Ligne de Tête indépendante de la ligne de Cœur à sa naissance. La première phalange du doigt de Jupiter très longue.

Douceur. — La douceur de caractère est indiquée par des mains ridées sur le dessus; des ongles larges et longs; le pouce court; le mont de Mars peu proéminent. Ligne de Cœur très nette. Ligne de Tête liée à la ligne de Vie pendant un assez long parcours.

Douleurs. — Voir **Chagrins.**

Duplicité. — Quadrangle étroit. Ligne de Tête terminée en fourche, signe infaillible de ceux qui sont d'excellents diplomates.

E

Eau (accidents sur l'). — La présence d'une petite étoile sur le mont de la Lune est un signe de menace de mort par eau.

Ecclésiastique (vocation sacerdotale). — Mont de Saturne développé. Doigt de Jupiter très long. Ligne de Cœur terminée sous le mont de Saturne. Croix dans le quadrangle.

Échafaud (mort infamante). — Étoile sur le mont de Saturne. Ligne de Tête très courte s'arrêtant à la hauteur du mont de Saturne. Monts aplatis. Pouce en bille.

Économie. — Doigts courts et carrés. Pouce rentrant dans la main. Ligne de Tête se dirigeant vers Mercure. Lignes de Tête et de Cœur longues et très fines.

Égoïsme. — Absence de la ligne de Cœur dans une ou dans les deux mains. Ligne de Santé colorée. Pouce long. Lignes de Vie et de Tête jointes pendant un assez long parcours. Doigt de Jupiter très long.

Éloquence. — Doigts carrés. Doigt de Mercure très long. Monts d'Apollon et de Mercure proéminents. Ligne du Soleil bien indiquée. Ligne de Chance finissant sur Apollon.

Emprisonnement (danger d'). — Ligne de chance montant jusqu'à la deuxième phalange du médius (doigt de Saturne). Étoile sur le mont de Mercure. Doigts gros et spatulés. Mont de Mercure très développé. Carré sur le mont de Mercure.

Énergie (Esprit énergique). — Mains larges. Deuxième phalange du pouce très large. Mont de Mars très développé. Ligne de Tête profonde et longue. Monts de la Lune et de Mars paraissant réunis. Lignes de Vie et de Tête prenant naissance isolément.

Enthousiasme (Esprit exalté, enthousiaste). — Doigts pointus. L'annulaire (celui d'Apollon) très long. Mont de Jupiter bien formé. Mains fines et allongées.

Envie (Esprit envieux, jaloux). — Mont de Jupiter aplati. Quadrangle étroit. Ligne de Cœur sans rameaux. Ligne de Santé colorée. Ligne formant comme une bague à la base du doigt d'Apollon.

Esthéthique (sens). — Doigt d'Apollon dépassant celui de Jupiter. Mont de Vénus développé. Mont d'Apollon proéminent. Doigts lisses.

Estomac (mauvais). — Ligne de Santé sinueuse et cassée.

Étourderie (Esprit toujours distrait). — Doigts très lisses. Deuxième phalange du pouce courte. Ligne de Tête prenant naissance au-dessus de la ligne de Vie, dont elle est séparée, et remontant vers la ligne de Cœur.

Excentricité. — Doigts très pointus. Doigt d'Apollon (annulaire) très long. Croix sur le mont de la Lune qui est développé.

F

Faiblesse (physique générale). — Ligne de Vie pâle et en chaine. Ligne de Cœur avec iles. Ligne de Vie se terminant dans une croix. Ligne de Santé hachée.

Faillite (menace de). — Croix sur le mont de Mercure.

Famille (amour de la). — Doigts carrés. Croix sur le mont de Jupiter. Ligne de Cœur longue et nette.

Fanatisme (esprit intolérant enclin au). — Mains larges. Doigts pointus ou spatulés. Doigts de Saturne et d'Apollon d'égale longueur. Croix sur le mont de la Lune.

Fatalité (menace d'événements fatals). — Absence du mont de Saturne. Ligne de Cœur prenant naissance sous ce mont. Plaine de Mars sans aucune ligne. Ligne de Vie se dirigeant vers le mont de la Lune. Etoile sur le mont de Jupiter. Carré sur le mont de Saturne.

Fausseté. — Doigts très pointus; ongles en amande. Ligne de Tête se terminant en fourche. Quadrangle étroit. Ligne de Chance brisée (V. *Duplicité*).

Fidélité. — Ligne de Cœur très nette, sans rameaux et sans chaine.

Fierté. — Mont de Jupiter bien développé. Ligne de Tête prenant naissance au-dessus de la ligne de Vie. Doigt de Jupiter plus court que celui d'Apollon.

Folie. — Doigts pointus. Ligne de Tête allant échouer dans une étoile au bas du mont de la Lune.

Force (physique). — Mains dures; pouce long et

épais. Monts de Jupiter et de Mars proéminents. Ligne de Santé très nette, longue et creuse. Triangle large.

Fortune (favorisé de la).— Ligne de Chance très nette et profonde inclinant vers Jupiter. Mont d'Apollon proéminent et traversé par des lignes horizontales formant ce qu'on appelle « la fourche du diable », signe de chance et de réussite dans les entreprises et dans la vie. Petite ligne partant de la ligne de Tête pour rejoindre une étoile sur le mont de Jupiter. Lignes de Chance et du Soleil bien indiquées.

G

Gaîté (esprit enclin à la). — Doigt de Mercure (auriculaire) très long. Mont de Vénus développé. Mont de Jupiter bien indiqué. Monts d'Apollon et de Mercure paraissant réunis.

Galanterie. — La distinction dans les manières, le soin qu'on prend pour plaire sont révélés par un mont de Jupiter proéminent et des ongles longs.

Générosité — L'homme libéral et généreux a le pouce renversé en dehors de la main, sa ligne de Cœur se termine par plusieurs petites lignes. Son mont de Vénus est strié de lignes parallèles.

Gloire (amour de la). — Doigt d'Apollon très long et le mont de ce doigt très proéminent. Ligne de Chance montant vers Jupiter. Ligne de Soleil droite et nette se terminant en plusieurs lignes dont l'une monte vers le doigt d'Apollon.

Gourmandise. — Doigts épais, charnus ; mains grasses. Mont de la Lune aplati.

Grossièreté. — Doigts courts et gras ; paume épaisse ; ongles courts. Deuxième phalange du pouce très épaisse. Ligne de Cœur commençant sous Saturne.

H

Habileté. — Doigts carrés et longs; ongles courts. Ligne de Tête terminée en fourche.

Hardiesse. — Mains larges; doigts spatulés. Deuxième phalange du pouce longue. Doigt de Jupiter très long. Mont de Mars développé.

Héritages (favorisé d'). — Une petite ligne partant d'une étoile sur le mont d'Apollon, indique qu'on héritera tôt ou tard, peut-être d'un oncle d'Amérique.

Honneur — (Voir *Gloire*).

Humeur (mauvaise). — Ligne de Cœur brisée sous Apollon. Ligne de Santé jaune. Ligne de Cœur se rapprochant à son extrémité de la ligne de Tête.

Hystérie. — Paume très rayée. Ligne de Tête avec de nombreux rameaux. Ligne de Cœur hachée. Grille sur le mont de la Lune. Doigts courbés à leur extrémité en dehors de la main.

I

Idéalisme. — Doigts pointus; pouce petit. Monts de Saturne et de la Lune développés. Doigt de Saturne très long. Ligne de Tête inclinant vers le mont de la Lune.

Imagination. — Mont de la Lune développé et strié; croix sur ce mont. Ligne de Tête s'inclinant vers ce mont et y formant une croix avec la ligne de Santé.

Impressionnabilité. — Paume très rayée. Doigts lisses. Ligne de Tête éloignée de la ligne Vie. Rameaux sur le mont de Vénus.

Impudicité. — Doigts gros à leur naissance; ongles courts. Deuxième phalange du pouce très large. Grille sur le mont de Vénus. Peu de petites lignes.

Infidélité. — Ligne de Cœur paraissant formée de nombreuses lignes qui s'enchévêtrent et forment chaîne.

Ingratitude. — Ligne de Cœur très courte. Ligne de Tête se terminant en fourche. Mont de Vénus aplati et surmonté d'un carré. Mains molles.

Insolence. — Mains lisses. Doigt de Mercure (auriculaire) très court. Ligne de Tête très droite et très éloignée de la ligne de Vie.

Instincts (mauvais). — Doigts tordus; mains molles. Ligne de Cœur très large. Ligne de Tête en fourche. Mont de Vénus développé. Paume couverte de grilles. Anneau de Vénus double et souvent triple.

Intelligence (esprit ouvert). — Lignes bien indiquées; main harmonieuse. Ligne partant du mont de

Mercure pour monter dans le doigt de ce nom. Mont d'Apollon développé. Troisièmes phalanges des doigts très longues. Triangle net.

Intuition (esprit d'). — Ligne courbe partant du mont de la Lune pour gagner Mercure.

Intrigue (caractère intrigant). — Voir **Ambition**.

Inventions (esprit d'). — Mains fermes; doigts carrés; celui de Mercure long et le mont de ce doigt développé. Deuxième phalange du doigt de Mercure très longue et traversée d'une ligne verticale. Taches blanches sur la ligne de Tête. Carré sur le mont de Jupiter.

Ivrognerie (penchant à l'). — Lignes sur la plaine de Mars très colorées. Ligne de Vie large et rougeâtre.

J

Jalousie. — Ligne de Tête très courte; ligne de Cœur longue et large. Mont de la Lune développé et couvert de grilles. Ligne de Cœur prenant naissance en fourche et entourant le mont de Jupiter.

Jugement. — Voir **Discernement**.

Joueur (tempérament de). — Les doigts de Saturne et d'Apollon d'égale longueur. Ligne de Tête très fine montant vers Mercure.

L

Lâcheté. — Mains molles. Pas de mont de Mars. Ligne de Tête peu indiquée. Doigts lisses. Grilles à l'endroit du mont de Mars.

Libéral (esprit). — Quadrangle large. Ligne de Cœur nette et ascendante. Lignes de Tête et de Vie très détachées. Doigts carrés. Mont de Jupiter peu proéminent.

Littérature (goût pour la). — Mains harmonieuses. Ligne du Soleil bien tracée. Doigt d'Apollon dépassant celui de Jupiter. Mont d'Apollon proéminent. Lignes ascendantes dans le doigt d'Apollon. Ligne de tête descendant vers le mont de la Lune. Ligne du Soleil partant du mont de Mars.

Logique (esprit). — Doigts carrés aux articulations saillantes. Première phalange du pouce très longue. Triangle sur le mont de la Lune.

Luxure (enclin à la). — Mains grasses et courtes. Monts aplatis, sauf celui de Vénus. Grilles sur ce mont. Pouce court. Anneau de Vénus double ou triple.

M

Maladies (tempérament maladif). — Ligne de Vie en chaîne. Ligne de Santé irrégulière ou coupée de petites lignes. La ligne de Vie cassée indique une maladie grave et, selon l'endroit de la cassure, l'âge auquel arrivera cette maladie.

Maladies diverses. — *Maladie de cœur*: Ligne de Cœur en chaîne ou parsemée de points rouges. Si la ligne de Cœur est nouée dès le commencement à la ligne de Tête, c'est le signe fatal d'une mort violente causée par le cœur.

Maladie de foie: Ligne de Santé colorée en jaune; ligne de Tête également colorée.

Maladie des poumons: Mains très blanches; ligne de Vie hachée; ongles très courbes.

Maladie du sang: Ligne de Santé très rouge, surtout à la hauteur de la ligne de Tête (dans ce dernier cas il faut craindre l'apoplexie).

Maladie de nerfs: Paume striée de nombreuses petites lignes; mains ridées. Mont de la Lune également strié. Étoile à l'extrémité de la ligne de Vie.

Maladies des voies respiratoires: Ligne de Cœur descendant vers la ligne de Tête. Ligne Hépatique à peine indiquée.

Fièvres: Nombreuses petites lignes montant de la ligne de Vie à la ligne de Tête.

Malheurs (menace de). — Ligne s'élançant du bracelet, traversant le mont de la Lune et rejoignant la ligne Hépatique ou de Santé. Lignes rapprochées sur les monts de Jupiter ou d'Apollon. Le doigt d'Apollon entouré d'une ligne formant une bague à sa racine. Lignes s'élevant du bracelet pour monter vers le mont de la Lune. Ligne de Chance hachée ou indistincte.

Malice (esprit tourné vers la). — Mont de Mercure strié de petites lignes. Monts de Mars et de Mercure proéminents.

Malpropreté. — Doigts lisses et pointus. Articulations à peine indiquées.

Mariage (heureux). — Croix sur le mont de Jupiter. Ligne de Chance très nette. Ligne partant du mont de la Lune pour arriver dans la ligne de Cœur.

Mariage (malheureux). — Ligne de Mariage tortueuse ou en chaîne. Cette ligne naît sur le mont de Vénus pour gagner celui de Jupiter.

Matérialisme. — Mains grasses; doigts courts. Triangle peu formé. Mont de la Lune aplati et étroit. Ligne de Vie large. Pouce court.

Méfiance. Ligne de Tête très unie à la ligne de Vie. Doigts tordus. Mont de Saturne couvert d'une grille.

Mélancolie (porté à la). — Mont de Saturne développé et strié de lignes. Carré sur le mont de la Lune. Mains molles. Pouce long et effilé.

Mensonge (enclin au). — Mont de Mercure développé. Ligne de Tête longue se terminant en fourche. Ligne de Cœur en chaîne. Lignes de Vie et de Tête jointes pendant un assez long parcours. Quadrangle étroit.

Mesquinerie. — Absence de monts.

Militaire (vocation). — Mains dures, doigts spatulés. Mont et plaine de Mars très élevés. Ligne de Tête longue et profonde. Ligne de Chance prenant naissance dans la plaine de Mars. Lignes de Vie et de Tête séparées à leur naissance.

Modestie. — Mont de Mars à peine indiqué. Ligne de Tête montant vers celle de Cœur. Doigts un peu courbés vers la paume lorsque la main est très ouverte. Lignes de Vie et de Tête jointes sans être nouées.

Moquerie (esprit de). — Doigt d'Apollon très pointu. Monts de Vénus et de Jupiter peu indiqués. Ligne de Cœur très mince.

Mort prochaine (signes de). — Lignes de Cœur et de Tête très courtes. Ligne de Vie brisée. Croix sur le parcours de la ligne de Tête.

Mysticisme (penchant au). — Mains effilées ; doigts pointus. Pouces longs. Chez les hommes, main de femme.

N

Naïveté. — Monts peu indiqués. Pouces courts mais effilés. Ligne de Tête très légère, à peine indiquée.

Naufrage. — Voir **Eau.**

Nervosité. — Mont de la Lune proéminent et couvert de lignes. Nombreuses lignes dans la paume. Mains sèches. Doigts recourbés en dehors de la main.

O

Obéissance (âme docile, obéissante). — Ligne de Cœur descendant vers celle de Tête. Mains étroites.

Obligeance. — Voir **Bienveillance.**

Obstination. — Mains dures; pouces courts. Ligne de Cœur peu indiquée. Lignes de Vie et de Tête prenant naissance isolément. Doigt de Jupiter long.

Opposition (esprit d'). — Doigt de Jupiter très long. Doigts carrés. Mont de Mars développé.

Orateur (talent d'). — Doigt de Mercure très long. Ligne montant dans ce doigt. Ligne du Soleil partant du mont de Mars.

Ordre (esprit d'). — Doigts carrés. Articulations saillantes.

Orgueil. — Lignes de Vie et de Tête prenant naissance séparément. Mont de Jupiter très proéminent. Doigt de Jupiter très long. Carré sur le mont de Jupiter. Ligne de Tête prenant naissance sur ce mont.

Originalité, bizarrerie. — Monts proéminents; doigt d'Apollon très long. Ligne de Tête longue. Mont de la Lune très développé. Mont d'Apollon paraissant uni à celui de Mercure. Ligne du Soleil bien distincte. Doigts écartés lorsque la main est ouverte.

P

Paix (amour de la). — Doigt de Jupiter (index) plus court que celui d'Apollon. Jours entre les doigts à leur naissance. Monts bien placés sous les doigts. Doigt de Mercure assez fort.

Paresse. — Mains molles et creuses. Absence du mont de Jupiter. Mont de la Lune proéminent.

Patience. — Renflement de la chair entre le mont de Vénus et celui de Jupiter.

Pauvreté. — Ligne de Chance absente, mal formée ou brisée. Lignes nombreuses se croisant sur le mont de Saturne. Ligne de Vie venant échouer dans plusieurs croix. Mont d'Apollon couvert de petites lignes.

Perfidie. — Voir **Fourberie.**

Perspicacité. — Doigt de Mercure (petit doigt) long et effilé. Lignes striant ce doigt. Doigts carrés. Monts bien placés sous les doigts.

Perversion. — Voir **Débauche.**

Peur (caractère peureux). — Absence du mont de Mars. Mains molles. Mont de la Lune assez fort.

Philosophie (fort en). — Nœuds aux jointures des doigts. Doigts carrés; mains fermes. Quadrangle large. Pouce fort.

Poésie (enclin à la). — Mains longues aux doigts pointus. Mont de la Lune développé et surmonté d'un carré. Ligne du Soleil bien distincte. Doigt d'Apollon dépassant celui de Jupiter.

Politique (vocation). — Mont de Mercure développé. Doigts de Jupiter et de Mercure longs. Triangle sur le mont de Mercure. Monts de Mars et de Jupiter développés. Ligne de Tête très marquée et très droite.

Prison (menace de). — Mont de Saturne sillonné de nombreuses lignes obliques.

Prudence. — Doigts aux articulations nouées. Monts b'en placés sous les doigts. Première phalange du pouce épaisse. Lignes de Vie et de Tête très rapprochées.

R

Rancune (tempérament rancunier). — Lignes obliques sur les deux premières phalanges du doigt de Jupiter. Lignes horizontales barrant les monts d'Apollon et de Mercure.

Religion (esprit porté vers la). — Phalange onglée du doigt de Jupiter très longue; doigts lisses; mains élégantes. Croix dans le quadrangle.

Revers (de fortune). — Ligne de Chance prenant naissance très bas dans la main et coupée sur son parcours. Croix sur le mont d'Apollon.

Richesse. — Voir **Fortune**.

Romanesque (esprit). — Mains longues et fines; doigts pointus. Mont de la Lune très développé. Ligne de Cœur montant entre le doigt de Jupiter et celui de Saturne.

Ruine. — Voir **Revers**.

Rupture (en amour). — Ligne de Cœur brisée. Lignes verticales montant dans le doigt d'Apollon.

Ruse (esprit de). — Mont de Mercure très développé. Ligne de Tête jointe à la ligne de Vie à sa naissance et se terminant en fourche. Quadrangle étroit.

S

Sagesse (esprit de). — Troisième phalange du doigt de Jupiter très rayée. Ligne ascendante au haut du doigt d'Apollon. Doigt de Mercure assez fort. Monts bien placés sous les doigts.

Santé (bonne). — Ligne de Vie longue et très nette. Ligne de Cœur bien tracée. Double ligne de Santé. Triangle très large.

Santé (mauvaise). — Voir **Maladies**.

Sciences (esprit porté vers les). — Doigts spatulés. Mont de Mercure développé et doigt de Mercure long. Articulations nouées. Première phalange du pouce épaisse. Triangle à l'extrémité de la ligne de Tête.

Scrupules (absence de). — Ligne de Tête en fourche. Une des branches de la fourche montant vers Mercure. Mont de Mercure développé. Deuxième phalange du pouce longue.

Sensualité. — Mont de Vénus très développé et couvert de petites lignes. Mains molles. Double anneau de Vénus.

Sentimentalisme. — Mains longues et fines. Mont de la Lune proéminent. Ligne de Cœur prenant naissance entre les doigts de Jupiter et de Saturne. Renflement en goutte d'eau au bord intérieur des doigts.

Simplicité. — Mains lisses. Peu de lignes. Mont de Vénus strié. Ligne de Cœur nette. Quadrangle assez large.

Sottise. — Voir **Bêtise**.

Souffrances. — Voir **Douleurs**.

Sournois (caractère). — Ligne de Tête se terminant en fourche. Ligne de Cœur courte et en chaîne. Ligne de Tête jointe à la ligne de Vie à son point de départ.

Succès. — Mont d'Apollon arrondi au sommet. Ligne du Soleil très nette. Ligne de Chance partant du milieu de la main et se dirigeant vers Apollon. Rameau partant de la ligne de Tête pour aller rejoindre une étoile sur le mont de Jupiter.

Successions. — Voir **Héritages.**

Suicide (tendance au). — Ligne de Chance à peine indiquée ou se terminant par une étoile. Étoile sur le mont de la Lune. Croix au haut du mont de Mercure.

Susceptibilité. — Pouces pointus. Doigts striés de lignes.

Syncopes (prédisposition aux). — Ligne de Cœur parsemée de points blancs.

T

Taciturne (caractère). — Mont de Saturne aplati et rayé de petites lignes.

Tact (ayant du). — Lignes très nettes. Celle de Cœur très droite. Mains longues. Doigt de Jupiter long. Pouce mince. Mont de Vénus assez proéminent. Ligne de Tête se terminant sans rameaux. Doigts minces.

Tact (manque de). — Mains épaisses. Pouces forts. Doigt de Mercure trop court. Ligne de Tête très éloignée de celle de Vie.

Témérité. — Mains dures. Doigts spatulés. Doigt de Jupiter long et le mont de ce doigt ainsi que celui de Mars très développés. Ligne de Tête ascendante.

Ténacité. — Mains dures. Pouce fort avec la première phalange très épaisse. Ligne de Tête creuse et très nette. Doigt de Jupiter long. Articulations nouées.

Tendresse. — Mont de Vénus développé. Renflement à l'extrémité intérieure des doigts. Petite ligne venant couper perpendiculairement la ligne de Cœur à son extrémité.

Tête (maux de). — Voir **Maladies.**

Théâtre (vocation dramatique). — Doigt d'Apollon très spatulé.

Timidité. — Lignes de Vie et de Tête jointes sans être nouées. Pouce mince. Monts à peine indiqués. Carré sur le mont de la Lune. Lignes de Cœur et de Tête descendant vers la Lune.

Toilette (amour de la). — Voir **Coquetterie.**

Tolérance (esprit tolérant). — Quadrangle allant en s'élargissant vers le revers de la main. Mont de Vénus assez développé.

Tracasserie (esprit tracassier). — Doigt de Jupiter long. Lignes de Vie et de Tête prenant naissance séparément. Mont de Mars développé. Doigt de Saturne spatulé.

Trahison (capable de). — Ligne de Tête se terminant en fourche. Mains osseuses. Grille dans la plaine de Mars. Ligne de Cœur large et en chaîne. Ligne de Tête jointe à la ligne de Vie jusque sous Saturne. Doigts tordus.

Tristesse (enclin à la). — Mont de Saturne absent et celui de la Lune développé. Doigt de Saturne long. Ligne de Tête descendant dans la paume. Ligne du Soleil montant vers Saturne.

Tyrannie (esprit de). — Mains longues et étroites. Doigt de Jupiter très long. Lignes de Vie et de Tête prenant naissance séparément. Mont de Mars très développé. Deuxième phalange du pouce très longue. Carré sur le mont de Jupiter.

V

Vanité. — Doigt de Jupiter long. Carré en grille sur le mont d'Apollon. Ligne de Chance montant vers Jupiter.

Vérité (amour de la). — Mains dures. Doigts carrés aux articulations saillantes. Lignes de Cœur et de Tête très nettes. Quadrangle large. Pouces forts.

Veuvage (Menacé de). — Ligne de Cœur brisée ou ramifiée en plusieurs petites branches. Ligne de Chance rompue à la hauteur de la ligne de Cœur.

Vices. — Voir **Débauche.**

Violence. — Voir **Colère.**

Vol (enclin au). — Grille sur le mont de Mercure. Doigts tors, noués et spatulés. Ligne de Tête très fine. Monts en retrait, sauf celui de Mercure.

Volonté (fermeté de). — Lignes de Tête et de Vie séparées à leur naissance. Mains fermes. Pouces longs et épais. Doigt de Mercure fort. Mont de Mars développé. Ligne de Tête profonde et très nette.

Volupté. — Voir **Débauche.**

Voyages (amour des). — Une ligne naissant dans la ligne de Vie pour venir entourer le mont de la Lune. Ligne de Chance prenant naissance sur ce mont. Lignes montant du bracelet vers le mont de la Lune. Croix sur ce mont. Ligne reliant les monts de Vénus et de la Lune.

————————

TABLE

Cinquième partie.

Quelle main avez-vous ?

Paris. — Imp. P. Mouillot, 13, quai Voltaire. — 20939.

www.ingramcontent.com/pod-product-compliance
Lightning Source LLC
Chambersburg PA
CBHW051742090426
42738CB00010B/2375